培养孩子好性格 赢在起跑线

陈镭丹／编著

内蒙古人民出版社

图书在版编目(CIP)数据

培养孩子好性格赢在起跑线 / 陈镭丹编著. --呼和浩特：内蒙古人民出版社，2021.10
（阳光未来丛书）
ISBN 978-7-204-16839-2

Ⅰ.①培… Ⅱ.①陈… Ⅲ.①家庭教育 Ⅳ.①G78

中国版本图书馆 CIP 数据核字（2021）第 172266 号

阳光未来丛书

培养孩子好性格赢在起跑线

编　　著	陈镭丹
图书策划	石金莲
责任编辑	晓　峰　李月琪
封面设计	宋双成
出版发行	内蒙古人民出版社
地　　址	呼和浩特市新城区中山东路 8 号波士名人国际 B 座 5 层
印　　刷	内蒙古爱信达教育印务有限责任公司
开　　本	710mm×1000mm　1/16
印　　张	13
字　　数	200 千
版　　次	2021 年 10 月第 1 版
印　　次	2022 年 2 月第 1 次印刷
印　　数	1—2000 册
书　　号	ISBN 978-7-204-16839-2
定　　价	32.00 元

如发现印装质量问题，请与我社联系。联系电话：(0471)3946173　3946120

前 言

性格是人最本质的特征之一。心理学家认为：性格是一个人典型性的行为方式。也就是说，一个较成熟的人在各种行为中，总贯穿着某一种典型的方式，这是经常的，而不是偶然的。这就是性格。

英国哲人查尔斯·里德有一句著名的话："播下一种思想，收获一种行为；播下一种行为，收获一种习惯；播下一种习惯，收获一种性格；播下一种性格，收获一种命运。"这就是说，性格不仅影响一个人的生活状态，还会影响一个人的人际交往、事业发展。性格往往决定一个人的成败得失，甚至还决定一个人的命运和前途。

性格是驾驭命运航船的舵手，是我们幸福或不幸生活的源头。正所谓：成也性格，败也性格。不良的性格会使我们表现出不良的心理和行为，进而会使我们在生活中采取错误或消极的言行。相反，优良的性格则会让我们始终采取积极的言行，调动我们的积极性和潜能，最大限度地发挥我们的创造性，从而使我们取得更积极完善的结果，给我们带来更多人生、事业的成功以及幸福生活的机会。

一个人的性格是在长期的生活中逐渐形成的，而儿童时期是性格培养的关键时期。俗话说："三岁看大，七岁看老。"这句话正说明一个人的性格大致是在孩童时代形成的，所以让孩子养成良好的性格是关乎其人生成败的大事。毫无疑问，在这一阶段，最能影响孩子的人就是他们的父母。

古人云："有其父必有其子。"这句话一方面说明了人的性格会受到遗传因素影响，父母有什么样的性格，孩子就会有类似的性格；另一方面也说明了人的性格很大程度上会受父母行为的影响，在孩子成长的过程中，父母的言传身教会使孩子的性格发生变化。而后一方面对孩子性格的形成更具有决定意义。美国著名心理学家瓦特逊博士说:"如果给我 10 个孩子,我有信心把他们培养成每一个领域中的第一名。但有一个条件:他们不能是小学生和中学生,必须是刚出生的婴幼儿。"由此可以看出,性格是先天遗传与后天环境影响的综合体。父母在孩子成长的过程中,要用科学合理的方法培养孩子的健康性格,指引孩子走向成功。

有什么样的性格,就有什么样的人生。一个具有良好性格的孩子,往往比别人更容易获得成功。

性格是可以后天培养出来的,特别是在儿童和青少年时期,正是一个人性格形成的关键时期,这时如果父母注重对孩子进行积极的性格培养,那么孩子长大成人后就会成为一个具有健全人格的人。天下没有完美的孩子,也没有完美的父母。

本书是一本写给父母的好性格养成书,它结合很多具体案例告诉家长:在培养性格方面,家长应该怎么做;如何培养孩子的安全感;如何培养孩子自信心;如何培养孩子坚毅的品格及乐观主义精神;如果孩子在生活中遭遇了不幸,如何让孩子免受伤……

性格决定命运,性格决定成败!给孩子一个好性格,让他终身受益!

本书能够顺利在一年多的时间里编写完成,离不开诸多学者和创作伙伴的精心协作和努力。在这里要特别感谢徐凤敏、陈镭丹、贾瑞山、晶晶、元秀、张大力、邓颖,感谢你们的努力与付出。在此付梓之际,一并向你们表示衷心感谢!

编委会

目 录

第一章　培养树立孩子的良好道德品行 …… 1
- 培养孩子率真的性格 …… 3
- 让孩子学会帮扶弱小 …… 5
- 诚信是孩子成功的资本 …… 8
- 培养有正义感的孩子 …… 10
- 让孩子成为热情好客的小主人 …… 13
- 教育孩子有正常的羞耻心 …… 15
- 培养孩子的荣誉感 …… 18

第二章　乐观会让孩子一生都幸福 …… 21
- 培养孩子乐观开朗性格的3种方法 …… 23
- 如何预防孩子的自闭倾向 …… 25
- 能坦然面对现实的孩子更易得到快乐 …… 27
- 让孩子遇事不悲观 …… 30
- 孩子性格太内向须防抑郁 …… 32
- 培养孩子一切向前看的性格 …… 34
- 让孩子在劳动中得到快乐 …… 37
- 教孩子学会用微笑待人 …… 39
- 让孩子学会品味生活 …… 42

第三章　学龄前是塑造孩子性格的关键期 …… 45
- 孩子一生成功靠性格 …… 47
- 7岁,培养孩子性格的关键期 …… 49

父母的性格影响孩子的性格 …… 52
　　培养孩子性格,师生因素不可忽视 …… 54
　　让孩子少看电视、少上网,远离负面影响 …… 57
　　播种一种习惯,收获一种性格 …… 59

第四章　独立性决定孩子将来的社会角色 …… 63
　　父母应避免对孩子保护过度 …… 65
　　让孩子拥有主见 …… 67
　　跌倒了,让孩子自己站起来 …… 70
　　放养孩子,培养孩子独立的性格 …… 72
　　给孩子更多选择的机会 …… 75
　　父母的赏识让孩子更自信 …… 77
　　批评孩子要讲技巧 …… 80
　　让孩子体会到成就感带来的快乐 …… 82
　　独立生活,培养孩子的自立能力 …… 85

第五章　不溺爱,正确引导孩子的行为 …… 89
　　溺爱不利于孩子的性格形成 …… 91
　　为孩子创造一个和谐快乐的家庭氛围 …… 93
　　给孩子一个自由的空间 …… 96
　　为孩子制定合理的"家规" …… 98
　　如何应对6岁孩子的逆反心理 …… 101
　　如何应对中学时期孩子的反叛行为 …… 103
　　教会孩子不贪小便宜 …… 105
　　如何让孩子不爱慕虚荣 …… 108
　　孩子发脾气,查明原因再解决 …… 110

第六章　耐心细致,对孩子的情绪很重要 …… 113
　　教孩子真正了解自己的情绪 …… 115
　　帮孩子制定法则,逐级管理不良情绪 …… 118

教孩子遇事冷静理智 …… 120
孩子自暴自弃怎么办 …… 123
给孩子一个发泄情绪的机会 …… 125
改变孩子性格急躁的缺点 …… 128
让孩子在谦虚中不断进步 …… 130
帮孩子克服偏激的心理 …… 133

第七章 克服同龄弱点,让孩子变得更优秀 137

让孩子学会果断处事 …… 139
让孩子心无旁骛地专注做事 …… 141
帮孩子克服做事拖拉的毛病 …… 144
让孩子学会分轻重缓急 …… 146
培养孩子的成本意识 …… 149
培养孩子持之以恒的性格 …… 151
让孩子学会先思考再做事 …… 154
让孩子学会忍耐 …… 156
让孩子善于表达 …… 159
让犯错的孩子勇于承担责任 …… 162

第八章 好性格、善学习,铸就孩子好未来 165

培养孩子认真细致的性格 …… 167
培养孩子讲求效率的性格 …… 169
培养孩子良好的时间观念 …… 171
让孩子拥有举一反三的能力 …… 174
培养孩子刻苦钻研的性格 …… 176
教会孩子如何学以致用 …… 178
培养孩子从实践中学习的性格 …… 180
教孩子从自己做错的题中学习 …… 183
让孩子学会从交流中学习 …… 185

培养敢于质疑的孩子 …………………………………… 187
让孩子保持强烈的好奇心 ……………………………… 190
让孩子不"安于现状" …………………………………… 192
训练观察力,擦亮孩子双眼 …………………………… 195
给孩子插上"想象"的翅膀 …………………………… 197

第一章

培养树立孩子的良好道德品行

阳光未来丛书
培养孩子好性格赢在起跑线

YANGGUANG WEILAI CONGSHU
PEIYANG HAIZI HAOXINGGE YINGZI QIPAOXIAN

培养孩子率真的性格

一位年轻妈妈带着 5 岁的儿子去逛街，途经一家品牌服饰商场，她便停下脚步，思量着要不要进去逛逛。这时，儿子突然指着商场大楼外的一个巨幅广告牌喊："谁，找，你！"

年轻妈妈听着很奇怪，便蹲下来问儿子："宝贝儿，你在说什么？谁在找我？"

儿子继续用一只手指着广告牌，另一只手拽了拽妈妈的衣服说："妈妈你看，就是那上面写的——谁，找，你！"

年轻妈妈将目光投向儿子所指的地方，这才明白原来所谓的"谁找你"，是广告牌上写的品牌名称"雅戈尔"。

发现儿子读错字，这位妈妈立即捂住他的嘴说："哎呀，错了错了，那是雅戈尔，不叫'谁找你'。"说完，她还四处打量了一下，看看周围有没有人注意到他们。原来，她是怕儿子给她丢脸，毕竟她也是个有学识的高级白领。

其实，这位年轻妈妈大可不必因为孩子认错字而觉得丢脸。孩子虽然认错字，但他却十分率真，他能大胆讲出自己看到的事，这份勇气实在难能可贵。如今的社会中，又有几个孩子能像他这样单纯、率真？

现实生活中，越来越多的孩子正在受"早熟"的折磨，小小年纪的孩子张口就唱"大人腔"，文字语言成人化的趋势已很难改变。比如，许多孩子在平时讲话或写作文的时候，都会用到当下流行的个性网络语言，像"MM"（美眉）、"大虾"（大侠）、"7456"（气死我了）等，都备受青少年推崇。

随着年龄的增长，孩子渐渐成熟起来，这本无可厚非。可时至今日，在孩子成长的过程中，因为社会、学校、家庭等不同环境的影响，孩子已渐渐变得圆滑起来，孩子的心可能已不再单纯，他们已很难在生活中率性而为，他们或许再也不会拥有率真的童年。

然而，一个人若失去了自我，无法显露真性情，那么他的人生会是暗淡无光的。古往今来的许多成功者，他们虽立足于不同领域，有着不同的事迹，但却有着共同的性格特点，那便是保持质朴、率真的个性。

所以，无论是为了孩子的快乐童年，还是为了孩子将来的成功人生，家长应从小培养孩子率真的性格，让孩子以真性情示人，做最真的自己。具体来说，家长可采取以下方法塑造孩子率真的性格。

1. 让孩子在画画中享受童趣并自由想象

日本人十分重视对孩子率真个性的培养，还充分利用儿童美术，让孩子体验色彩、自由作画，并鼓励孩子表达自己内心最真实的想法。日本的许多幼儿园、小学里，当学生画完画后，老师并不会对其画作横加评价，而是小心翼翼地将其悬挂、张贴在墙上，让孩子们自由欣赏并讨论。他们这样做，是为了反对以往教育中出现的功利性现象，还孩子一个率真的童年，让孩子在自由作画、自由欣赏、自由评价的过程中充分表达对这个世界最真实的看法与理解。

以往的美术教育中，当孩子画好画后，老师们常常会以同一个标准或自己的喜好来评价这些画，如"这幅画最好""这张很干净，我喜欢""这一副乱七八糟，我不喜欢"等。这就难免会打击大多数孩子的自信心，让他们不敢再通过画作表达自我、展现自己的率真个性。

所以，为了塑造孩子率真的性格，家长们可效仿日本学校的做法，让孩子自由地作画，给孩子自由想象的空间，而不是为孩子创作套上各种条条框框。

2. 孩子说错话时，家长要给孩子"留面子"

一日，刘女士陪7岁的女儿萌萌一起做知识竞赛题，其中有一道题是"中国的四大发明是什么"。刘女士刚读完题目，萌萌就兴奋地举着手说：

"我知道，妈妈，我知道！"

刘女士问："是嘛！那么，你来说说是哪四大发明呢？"

萌萌认真地说："是造纸术、指南针、火药，还有印刷术。对吗？"

刘女士笑着点点头，又问："那萌萌知道它们分别是谁发明的吗？"

"我知道，是曹操发明了造纸术。"萌萌想都没想就喊出了这一句。

听到萌萌的这个答案，刘女士有点尴尬，她愣了几秒说："宝贝儿，你是从哪里知道曹操发明造纸术的？"

萌萌想了想说："是听班里一个同学说的。"

"哦，是这样啊！宝贝儿，你经常向同学请教问题，虚心向他们学习，这是个很好的习惯。不过呢，我记得发明造纸术的人叫蔡伦。当然了，我也可能是记错了，你再向老师确认一下好吗？"刘女士没有批评萌萌答错问题，而是用温和的语气对她说。

萌萌这才知道自己说错了，但妈妈的这些话并没有让她觉得丢面子，她答应道："嗯，好，明天去学校我就问老师。"

很多时候，孩子表现出率真的个性时，可能会因缺乏知识经验等而说错话、做错事。

这时，如果家长毫不留情地批评、指责孩子，渐渐地，孩子会没有勇气表达自己的心中所想。所以，家长在和孩子说话时，也要注意照顾到孩子的"面子"，给孩子自我改错的机会。

让孩子学会帮扶弱小

俗话说，好汉护三村，这是告诉人们要学会帮助他人、扶助弱小。一个人若真心帮扶弱小，不必做出许多轰轰烈烈的事情，生活中点点滴滴的小事，往往能给他人带来更多温暖，如对伤心人的一句简单问候与安慰，为公交车上的老人让座，对灾区人一元钱的捐助等，都能促使坚冰融化，能让许多脆弱的心变得更加坚强。

一个小女孩跟爸妈去山里野营，快到山顶的时候，她发现有只受伤的小鸟正在草丛中痛苦挣扎。于是，小女孩走上前去，轻轻抚摸着小鸟，然后让爸妈从背包中拿出小急救箱。

这时，女孩的爸爸说："山野里受伤的小鸟多的是，你又不可能一一照顾每只小鸟，何必浪费时间管这一只呢？再说，我们带来的急救物品本来就不多，你都用到小鸟身上了，待会儿万一我们自己受伤了怎么办？"

小女孩没有听爸爸的话，她继续请求妈妈和她一起为小鸟包扎。妈妈不忍让女儿伤心难过，便拿出急救箱帮小鸟治伤。几分钟后，小鸟的伤情有所好转，小女孩就让爸爸小心翼翼地将它放到一棵树上的鸟窝里。看着小鸟又能发出悦耳的叫声，小女孩十分开心，爸爸妈妈这才感觉刚才没有强烈反对女儿的行为是对的。

小女孩在自己力所能及的范围内，救下了一只受伤的小鸟，这并不是多么了不起的事，但至少，她懂得为周围的弱小者尽自己的一份力。而如今的社会中，在许许多多需要帮助的"小鸟"面前，还有多少孩子愿诚心诚意"予人玫瑰"？

许多孩子心中都有一个"英雄梦"，他们希望做个惩强扶弱的人，他们想受到他人尊重与敬仰。可是，在成长的过程中，有些孩子却渐渐淡忘自己的这个梦想，他们可能会虐待小动物，可能会对路边乞丐嗤之以鼻，也可能在受灾受难者面前表现得麻木不仁……这样的孩子，又怎能得到他人的尊重与敬仰？

因此，要培养一个品行出众的孩子，家长须从身边的小事入手，让孩子肩负起帮扶弱小的责任是十分必要的。至于教导孩子帮助弱小的方法，家长可选用以下几种。

1. 鼓励孩子耐心照顾小动物

很多孩子看到路边的小猫、小狗、小兔子等十分可爱，就要求爸妈买回家。可没过几天，他们可能就会失去兴趣，把小动物丢在一边不管不顾。这时，家长可以这样告诉孩子：小动物没人照顾很可怜，它会很伤心的；小动物和宝贝一样，都需要爸妈的关爱，现在你买了它，你就是它的家人，那怎么能不管它呢？要是爸妈也不管你了，你会不会很难过呢？等等。家长用这样的语言引起孩子的情感共鸣，让他明白小动物和自己一样，都是弱小的、需要别人关心和照顾的生命，孩子就会继续耐心地照顾小动物。

2. 对孩子帮扶弱小的行为给予支持和鼓励

生活中，有些家长会阻止孩子去帮助弱小，比如看到公交车上有老人站着，孩子想让座时，家长会说"别管了，会有别人让座的""是我们先上来的，这个座位就该我们坐"等。

作为家长，这样的言行不仅会打击孩子的同情心，还会对孩子造成误导，让孩子以为自己的行为原本就是错误的。久而久之，孩子的人生观、价值观都有可能出现偏差，帮助弱小不再被孩子当做有益的举动。

3. 和孩子一起做"家庭医生"的游戏

寓教于乐，这是家长引导孩子帮扶弱小的一个有效方法。在周末或其他空闲时间里，家长可以和孩子开展"我是医生"的家庭游戏，由家长扮演需要照顾的病人，孩子充当医生。

游戏中，医生要对病人负责，要时刻注意病人的一举一动。同时，病人可以提出各种要求，让医生尽量满足。如果医生做得好，病人的病情会逐渐好转；若医生照顾得不周到，病情会持续恶化，病人可以向医生提更多要求。这时，如果孩子不乐意，家长可以告诉他："我们是在做游戏，你刚才保证了要遵守游戏规则的，可不能反悔哦！"或者问孩子是要接受惩罚还是继续做游戏。一般情况下，孩子们都会选择继续游戏。

当然，如果孩子在游戏中表现得很出色，将"病人"照顾得很好，家长就应给予相应的表扬或奖励，比如带孩子去游乐场玩，多给他一点自由玩乐的时间，或者给孩子做一桌美食等。

这样的游戏不仅可以让孩子学会许多照顾弱小的方法，还可以锻炼孩子耐心。而在帮助他人的过程中，孩子也能不断提高自理能力，为他将来的独立之路奠下基石。

诚信是孩子成功的资本

美国富豪摩根在1835年时，入股了纽约一家名叫伊特纳的火灾保险公司。起初，这家保险公司有不错的经济收益。但天有不测风云，伊特纳公司在开业后不久便遭遇一场突发大火灾。结果，股东们纷纷退股，可摩根先生并没有这样做。经再三考虑，他决定卖掉自己苦心经营多年的旅馆和酒店，低价收购其他股东的股份，尽可能保住所有投保客户的利益。

在摩根看来，一个商人若想谋大利，首先应该讲诚信。后来，他又通过其他融资渠道，很快偿还了投保人的保险赔偿。这时，偿还了保险金的摩根先生已濒临破产，但他并没有就此放弃，他开始刊登广告：本公司为竭力偿还保险金，从现在开始，凡光顾本公司的投保人，保险金一律增加一倍。

连摩根自己都没有想到的是，广告登出第二天，全身只有5美元的摩根去伊特纳上班时，发现公司门外聚集了很多人，他们都是前来投保的客户。看到这么多"上帝"把整条大街都堵得水泄不通，摩根对公司的未来充满了希望。很快，伊特纳公司的美誉就遍及纽约城，而摩根先生不仅又买回了原来的旅馆和酒店，还净赚了几十万美元。

后来，积累了富可敌国的财富的摩根说，诚信产生了无穷的复利效果，也成就了整个摩根家族的事业。

人们常说，无诚业难立，无信事难成。的确，诚信是人生最宝贵的财富，是一个人获得他人信任和支持，并逐步走向成功的重要资本。可如今，越来越多的孩子却将"诚信"视若无物。

某媒体曾报道过有关"撒谎作文"的事件，大致内容是某小学四年级老师给学生布置了一篇题为《危急时刻》的作文，结果班上40多个学生，有30多个写的是自己如何与人贩子、小偷斗智斗勇。后来，这30多个学生中，有26人承认自己是瞎编的。

孩子不讲诚信，大多是从说谎开始。心理学家研究发现，喜欢说谎的孩子，长大后往往不会信任别人，且会变得十分敏感、多疑。可见，诚信是影响孩子一生的品质。那么，作为家长，对孩子进行诚信教育就刻不容缓了，千万不要让孩子用谎言堆砌自己的人生。对孩子进行诚信教育，家长可从以下方面入手。

1. 莫急于责备，先弄清孩子不诚实、不守信的原因

孩子说谎或没有做到答应别人的事时，家长千万不要急着责备孩子，而是应该先冷静下来，心平气和地向孩子了解他这样做的原因。这样，孩子既不会受到惊吓或感到害怕，也不会太抗拒与家长的交流互动。

有时，孩子说谎、不守承诺，其实并没有心怀恶意，而是害怕被责罚，或为了引起他人的注意。还有一些年龄较小的孩子，他们的道德观还不够成熟，对事物的认知能力也有限，所以常常不清楚"对"与"错"、"真"与"假"的区别，这时就难免出现说谎话、言行不一等行为。

2. 家长不能随便怀疑孩子

苏联曾有这样一个男孩，他小时候偷过东西，被同学视为败类。可后来，他已改过自新，不再偷任何东西，但仍然没有同学愿与他交往，他很渴望得到信任。

一次，一位著名的教育家遇到了这个男孩。了解了男孩的情况后，教育家就派他去几十里外的一个小镇上帮他取一大笔钱。男孩简直不敢相信有人会将这么重要的任务交给他，他问如果取不回来怎么办，教育家微笑着说："怎么可能？我相信你是个诚实的好孩子，一定能做好这件事！"

于是，获得信任的男孩飞奔向几十里外的小镇，用最快的速度取回了

那笔钱。男孩将钱交到教育家手上时,要求他再数一遍,没想到教育家却说:"不用了,你数过的肯定没问题!"

就这样,教育家用自己的信任换来了男孩的诚信,让孩子懂得用诚信赢得他人的尊重与支持。平时生活中,如果家长在孩子承诺做某事后又不相信孩子,想尽办法监视孩子,那就很容易引起孩子的反感,让孩子选择用撒谎来对抗,最终导致孩子缺乏诚信。

3. 要有勇气向孩子道歉

说谎、不守信用,这并不是孩子的"专利",家长有时也会出现类似的情况,如答应了要陪孩子做某事,最后却没有做到。这时,家长应放下架子,诚恳地向孩子道歉,这样孩子不仅会感觉自己是被尊重的,还会更加信任家长。

培养有正义感的孩子

8岁的男孩小宇放学回家后告诉爸爸:"今天小刚被我们班一个大个子欺负了。"

"哦?怎么回事?"爸爸问。

"小刚今天上学时带来一个新的文具盒,非常漂亮,还是自动的。那是他妈妈昨天刚买给他的,被那个大个子看上了,他非要让小刚把文具盒送给他。小刚不肯,他就揪住小刚的衣领,想要打他。"小宇仔细叙述着在学校发生的这件事。"哎呀,那可糟了!这件事你没参与吧?"爸爸着急地问。

小宇说:"当时我就在教室里,这件事明明就是大个子男生不对,所以我就走上去制止他,不让他打小刚。"

"那后来呢?那个大个子我也见过,听说是个很调皮的男孩,他没打你吧?"爸爸捏着把汗问。

"没有。刚开始他继续揪住小刚的衣领,还说我要是再多管闲事就揍我。但我看进教室的同学越来越多,就喊他们一起制止大个子男生。后来我们二三十个同学一起帮小刚说话,他才没敢动手。"小宇认真地说。

"哦,那就好。不过,以后这种事你最好不要管,免得连累自己,知道吗?还有,从明天开始,你上学、放学的时候都要跟同学一起走,小心大个子会报复你!"爸爸擦了擦手心的汗说。

这位爸爸看似在关心孩子,实际上是在拔除孩子心中正义感的"嫩芽"。八九岁的孩子,他们的正义感是以天性的方式表达出来的,且正处在"萌芽"状态。这时,如果家长经常教孩子忍气吞声或"事不关己,高高挂起",久而久之,孩子心中的正义感会逐渐消失。

然而,一个人心中的正义之声,会提醒自己做正确的事。很多时候,家长想尽办法让孩子远离一切有失公平、正义的事,让他远离是非、丑恶,以为这样是在保护孩子,是让孩子获得更多更公正的待遇。殊不知,这竟是在掩耳盗铃,因为孩子总有走向社会的一天,也终有接触社会阴暗面的时刻。若家长从小把孩子锁在"保护之门"里,将来步入社会后,他又如何独自应对种种不公正之事呢?

基于此,家长从小培养孩子的正义感是十分必要的,具体方法可参考以下几种。

1. 鼓励孩子勇敢且巧妙地指出他人的错误

许多家长让孩子少管闲事,是因为担心孩子在此事中受到伤害或事后遭报复。为避免这种情况发生,家长在鼓励孩子坚持正义之时,应教给孩子一些指正他人错误言行的技巧,让孩子在不得罪对方的同时还能维持正义、主持公道。

一个小男孩看到邻居家的小妹妹被一个姐姐欺负,他二话没说,气冲冲地走上前去和那个大姐姐理论。结果,那个年龄稍大些的女孩非但没有停止欺负小妹妹,还很用力地推开小男孩。小男孩一时没站稳,摔倒在地。这时,他已自顾不暇,哪里还顾得上被欺负的小妹妹。

类似的事情,有些孩子却处理得很好,既帮同伴解了围,又让自己免于受伤害或报复,比如告诉欺负人的那个孩子:"我跟你说个秘密,他的爸爸是个警察,要是你对他不好,他叫他爸爸来抓你怎么办?"迫于家长的压力,那个欺负小朋友的孩子或许会有所收敛。

2. 用新闻、文艺作品中的事例给孩子以积极的暗示

家长可以有目的地和孩子一起看有关治安、青少年问题的时事新闻,并和孩子一起讨论新闻事件,让孩子思考事件中各个人物的行为是否正确。比如,在看警察抓小偷的新闻时,家长可以让孩子思考偷东西对不对、警察抓小偷是为了什么等问题。通过自己的思考、分析,孩子会渐渐明白什么是善什么是恶,以及什么是正义,怎样做才是坚持正义。

另外,家长还可以与孩子一起欣赏一些宣扬正义的文艺作品,如电影、动画片等。很多影视作品中都塑造了维持正义、拯救世界的英雄形象,通过观看这样的片子,孩子会更加坚信正义能战胜邪恶,孩子自己的正义感也会有所增强。

3. 家长要给孩子做好榜样

很多情况下,家长对社会上各种负面事件不恰当的看法或处理方法,会影响孩子对待此事的态度。比如,家长时常教孩子照顾弱小,却在路遇乞丐时让孩子远离这些人,说他们都是骗子;眼见有人被车撞倒,肇事者逃离现场,家长却叫孩子少管闲事,说这对自己没好处,搞不好还会被人误会是肇事者……如此种种,让孩子们何以体现自己的正义感?

因此,家长在和孩子在一起时,面对上述情况时,可积极采取些力所能及的行动,既尽到了自己公民的责任,又给孩子树立了良好的榜样。但是,需要注意的是,家长在帮助人的同时,还要告诉孩子,他毕竟年纪小,做事要量力而行,在保护好自己的前提下做好人好事。最好的办法是,家长能教给孩子,学会区别不同的情况,采用不同的助人技巧。

让孩子成为热情好客的小主人

赵女士的女儿小芸是个活泼开朗的孩子,平时很喜欢和小朋友们一起玩,也十分热情好客。家里每次有客人到访,她都像个小主人一样,热情、礼貌地接待他们。

一次,赵女士接到老家的电话,说有位远房亲戚要到赵女士家暂住几日。小芸听说这个消息后兴奋得不得了,大约是觉得又能表现一下自己了。

亲戚来赵女士家的那天,刚走到楼下,小芸就迫不及待地打开她们处在三楼的门,把头探出去大叫"阿姨"。但那时是冬季,室外温度很低,不一会儿,小芸一边喊着"好冷啊",一边把小脑袋缩了回去。过了一会儿,亲戚到了家门口,小芸蹦蹦跳跳地迎上前去,拉着她往客厅沙发那儿走去。之后,她又去厨房端来已经准备好的果盘。

晚上快要吃饭的时候,赵女士在厨房做饭,小芸怕亲戚无聊,就主动和她说笑,还给她表演节目,又是唱歌又是跳舞,逗得亲戚很开心。赵女士见小芸如此活泼,又热情好客,她心里也很安慰。

《论语》中说,有朋自远方来,不亦乐乎。这也是在告诉人们,要对远道而来的客人表示欢迎,与老朋友见面也很开心、很愉快。

生活中,许多孩子待人很热情,喜欢去小朋友家做客或邀请其他小朋友来自己家里玩,喜欢与客人们一起分享自己拥有的好吃、好玩的东西,喜欢与家长的朋友亲近,向他们展示自己的才华,如唱歌、跳舞等。

但与之相反,也有一些孩子会因性格内向、不善言谈等,而对客人的态度冷漠,甚至排斥与家人以外的人交流。遇到这种情况,家长往往会很担忧,害怕孩子长大后无法建立良好的人际关系,甚至会担心他变得孤僻、自闭。但"心动不如行动",家长与其在心里暗自发愁,不如及早行动起来，培养孩子热情好客的性格，可参考如下方法。

1. 带孩子去其他小朋友家串门

如今，许多孩子都是家中独生子，没有兄弟姐妹的孩子原本就已失去了不少与同龄人一起学习、玩耍的机会。所以，家长要培养孩子热情好客的性格，首先就应鼓励孩子积极与其他小朋友交往，让孩子在学习、玩耍的过程中建立深厚的友谊。

在这个过程中，家长可以常带孩子去其他小朋友家串门，让孩子亲自体验别人是怎样热情待客的。时间长了，孩子便会受其影响，在家里有客人来访时，试着用最好的状态去待客。

另外，假如孩子在某个朋友家受到冷落，家长可趁机向孩子说明："那个小朋友的做法是不对的，他对你的态度冷漠，你就会不喜欢他，那么别的小朋友也会不喜欢他。所以，你千万不能像他那样对待客人，否则大家也会讨厌你的。"听了这样的话，大多数孩子都会意识到热情待客的人才会受更多人的关心、喜爱与赞赏。

2. 在家中玩"热情待客"游戏

家长应该让孩子形成热情待客的习惯，而不是只对自己喜欢的人热情、友善，对不熟悉的人冷漠。为此，家长可以经常和孩子转换角色，玩接待客人的游戏，让孩子体验做家庭小主人的感觉。

在这个游戏中，家长可先扮演主人，孩子作为客人，双方模仿热情接待客人的情景。比如，家长可以请孩子在客厅里坐下，为他倒茶、端水果，陪他聊天、看电视等，然后要求孩子礼貌地说"谢谢"。之后，孩子知道了该怎样热情待客，家长就能与其互换角色，即孩子扮演主人，家长当客人。

3. 不要批判孩子的"过度热情"

6岁的小凯是个热情大方的小男孩，每次家里来客人，他都竭尽所能逗客人开心。但有时，他也会表现得过度热情，行为有点失分寸。

一个周末，小凯的表姐来他家做客，小可兴奋极了，一直缠着她玩儿。午睡后，小凯发现表姐在看书，就又拉着她要玩儿，还把自己最爱吃的糖果使劲往表姐嘴里塞。表姐说："我们不能吃这么多糖，不然牙齿会坏掉的，以后就没办法再咬东西了。"小凯根本不管表姐说什么，仍然不依不饶地让她吃。

这时，小凯的妈妈从卧室走出来，看小凯表现得过于热情，就蹲到他身边说："宝贝，你待人热情，妈妈很高兴，姐姐也很开心。但是你想想，假如你正在看自己最喜欢的动画片，这时候姐姐在一旁不停地打扰你，还强迫你吃不爱吃的东西，你会怎么样？"

小凯用手摸了摸小脑袋说："我会生气的！"

"那就对了。现在你再想想，你打扰姐姐看书，又让她吃自己不喜欢的糖果，她会不会不高兴呢？"妈妈问。

妈妈这样一说，小凯就明白了，他点点头说："嗯，会的！那我不打扰姐姐了，一会儿她看完书我们再玩儿。"

对于过度热情的孩子，家长最好不要批评、责骂孩子，毕竟孩子的出发点是好的，正确的方法应该是让孩子学会适可而止，如引导孩子换位思考，让孩子懂得"己所不欲，勿施于人"。

教育孩子有正常的羞耻心

心理学家研究表明，孩子的羞耻心，是他克服各种消极因素，自觉抵制不良言行诱惑的一种精神力量。

一般而言，孩子3岁以后便开始需要别人承认他的人格，即开始在意他人对自己的看法和评价了，这时，孩子会因做了令大人不满的事而感到羞愧。当孩子超过6岁以后，随着生活圈子的扩大，孩子的羞耻心也会有所增强，不再单纯在成人面前感到羞愧，在同伴面前做错事或做得不够好，孩子也会有羞耻心。并且，当出现错误时，孩子会自觉从周围环境、同伴身上吸取经验教训，努力改错，让自己变得更优秀。

一个周末，6岁的小男孩冬冬与小朋友们一起在舞蹈班学街舞。老师让他们自己练习几个舞蹈动作的时候，其他小朋友都跳得很好，只有冬冬做错了两个动作。这时，有两个小朋友说冬冬不动脑筋，有些地方跳错了，还在一旁做了示范。冬冬立马觉得不好意思了，之后，趁其他小朋友休息的时候，他又认真练习了好多遍，终于记清了那段舞蹈的所有动作。

孩子的羞耻心在自我意识发展的过程中产生，是影响其道德品质好坏的重要因素之一，且常常有明显的外向反应，如在做错了事或说错了话的时候，在受到批评的时候，在要求参加某项活动却未被准许的时候，等等。遇到类似的情况，家长应用心体察孩子的心理变化情况，善于利用于孩子的羞耻心激发孩子的忏悔情绪或引导孩子继续努力、积极进取。具体而言，家长可从以下方面着手培养孩子正常的羞耻心。

1. 少用尖刻言语，多当众赞扬孩子

家长的鼓励与赞扬，有助于增强孩子的自尊心和自信心，尤其是当众的赞扬，能让孩子有自豪感。之后，为了维护自己的良好形象，孩子一旦出错，就会立马感到羞耻并努力改错。但如果，家长在孩子犯错或不如别人优秀时，一味责怪孩子，那就很容易伤害孩子的自尊心。渐渐地，孩子会将这种责怪习以为常，此后再出现错误时便不会有羞耻心。

因此，平时生活中，孩子犯了错或在某些方面表现得不够出色时，家长应及时开导孩子，要给予安慰。这个时候，家长千万不能对孩子说些尖酸刻薄的话，如"你怎么这么不知羞耻""真够丢人的""你真没羞没臊"或者"你不知羞，我还得顾脸面"之类的言语。

孩子还处在不断探索、学习与体验的成长阶段，很多情况下，孩子并不清楚自己的行为会带来怎样的后果。当做错事时，孩子需要的是家长的谅解与帮助，而不是给孩子心灵造成伤害的尖刻语言。

2. 孩子犯了错，家长应帮他"保密"

在家庭中，孩子做错了事，家长应在引导孩子认真忏悔、改错的同时，注意替孩子保守秘密。

刚上小学一年级的妞妞，平时上学总让妈妈送她到教室座位上，有时还让妈妈陪她一会儿再走。可有一天，妞妞在家不好好做作业，还大发脾气，摔坏了家里的几样东西。当时，妈妈批评了她，但后来也想办法哄她听话。

第二天，妈妈照常送妞妞上学，刚到教室门口，妞妞就叫她赶快回去。但没想到，她转身要离开的时候，妞妞的班主任过来了。于是，妈妈停下来和班主任说话，妞妞就在一旁使劲往外拽她的衣襟，还低声说："妈妈，你快回去吧，我们要上课了。"

妈妈看了眼妞妞，发现她低着头，有点脸红，好像很害怕、很不好意思。妈妈顿时明白了，原来妞妞担心妈妈将前一天她受批评的事告诉班主任，这是她羞耻心的体现。妈妈心想，既然妞妞已经真心改过，那就应该帮她维护自尊心。于是，她和班主任简单聊了几句后便离开了。

每个孩子都想把自己最好的一面展现给周围其他人。那么，既然孩子已在家长面前感到羞愧，并开始调整自己的行为，家长就没必要再让其他人对孩子横加评论。

3. 对孩子的不良行为应就事论事

很多家长在发现孩子做错事时，不仅会严厉批评、指责孩子，还会因此一事而否定孩子的一切或对他未来的品行妄下论断，如说出"你继续这样下去还怎么得了""你怎么总是这样不知羞耻，没干过一件好事"之类的话。

其实，孩子的自尊心都很强，孩子很害怕别人因某一件事而否定自己的全部。所以，平时生活中，家长在教育孩子时应就事论事，当孩子犯错时，应给孩子一个主动忏悔、认真改错的机会。

培养孩子的荣誉感

9岁的杨帆已上小学三年级,是个比较听话的男孩,家里许多长辈都很疼他,爸爸、妈妈的同事和朋友们也都羡慕道:"你家杨帆真乖,我的孩子要是像他那么听话就好了!"可是,家家有本难念的经,在旁人看来很乖的杨帆,也不是没有任何缺点。

自杨帆上幼儿园起,爸妈就为他没有荣誉感而发愁。刚上幼儿园的时候,老师给杨帆的评语就是没有荣誉感。那时,每个老师都说杨帆好像对什么都不在意,犯了错被批评时,他一点都不会难过,受到表扬时也不会兴奋。起初,杨帆的妈妈了解了这个情况后,心中还有一丝窃喜,觉得这是好事,说明杨帆很沉稳,宠辱不惊。

然而,进入小学后,杨帆的学习成绩越来越差,而他自己却毫不在乎,根本没将此当回事。有时,爸爸妈妈批评他,他也无动于衷,大有"破罐子破摔"的意思。在学校里,老师和同学们都知道他跑得快,就在校运动会之际动员他参加田径比赛,可他自己一点都不积极,还说:"班里有那么多同学,让别人参加就好了,我才没兴趣呢。"

对于缺乏荣誉感,爸妈越来越担忧,害怕他今后对每件事都持十分消极、冷漠的态度。

生活中有不少像杨帆一样的孩子,他们可能对班级的事情漠不关心,可能对批评声、表扬声都很无所谓。这样的孩子,是缺乏荣誉感的,他们的人生观、价值观可能会比较消极。

荣誉感是一种积极的心理品质,也是能催人奋进,让人产生强烈责任感的一种精神力量。对孩子本人而言,荣誉感会促使他自觉主动地摒弃许多不良行为,使他保持良好的心理状态;对孩子所处的班级或其他团体而言,每个孩子的荣誉感是整个集体向前发展的动力。

所以，为了让孩子养成良好的行为习惯，让孩子将来在不同的集体中有更好的发展，家长就应从小培养孩子的荣誉感，具体方法可参考以下两种。

1. 因势利导，让孩子发挥专长

一天放学回家，8岁的男孩聪聪兴冲冲跑到妈妈身边说："妈妈，今天学校举办了跳绳比赛，我们班一个女同学没有进前三名，后来她就哭了。"

聪聪完全将这件事当做笑话来说，可妈妈听后并没有和他一起笑，而是平心静气地说：

"孩子，这位同学是个好孩子，你应该向她学习，不应该笑话她的！"

"为什么啊？她动不动就哭，我为什么要向她学习呢？"聪聪不解地问。

妈妈拉着他的小手回答道："孩子，你想想，如果你们班拿到了比赛第一名，你高不高兴？"

聪聪点点头。妈妈继续说："那就是了。这位女同学哭，是因为她觉得自己没有帮班级争取到第一名，她这是关心班级的表现。一个关心班级的孩子，老师和同学们都会很喜欢的。"

"哦，我明白了，妈妈！那么，下次比赛要是我们班再拿不到好名次，我也哭。"聪聪用手摸着小脑袋说。

听了这话，妈妈笑道："向她学习，不一定是要像她那样哭的。你可以发挥自己的专长为班级争得荣誉，比如说让学校把你画得很漂亮的图画，贴到校门口的书画作品展示墙上。"

"妈妈，我知道了，今后我一定好好练习画画，为班级争荣誉。"聪聪满怀信心地说。

培养孩子的荣誉感，家长应像聪聪妈那样多留意孩子的一言一行，要抓住机会因势利导，激发孩子的荣誉感，而不是经常用命令的口吻要求孩子做某事。

2. 对孩子的鼓励可以适当"小题大做"

秦女士的女儿上学四年级了,原本学习成绩并不好。但近半年里,秦女士和丈夫常常陪她温习功课,还不断鼓励她,渐渐地,她的成绩有所提高。不久前,女儿在一次测验考试中取得了很好的成绩,名次也排在班级前列。秦女士夫妇高兴极了,他们告诉女儿:"你能有这样大的进步,爸妈都很高兴!这是你自己争取来的荣誉,以后要保持呀!"而在言语鼓励、表扬的同时,秦女士还决定给女儿办个家庭小"庆功宴",既表示对她优异成绩的肯定,又激励她向更高的目标迈进。果然,秦女士的这番"小题大做",极大地鼓舞了女儿的"士气"。之后,她每天都很自觉地学习,做其他事也越来越认真。

当孩子在学习或其他方面有较大进步时,家长多加鼓励,可以增强孩子的荣誉感,也会使孩子变得更加自信。

第二章

乐观会让孩子一生都幸福

阳光未来丛书
培养孩子好性格赢在起跑线

YANGGUANG WEILAI CONGSHU
PEIYANG HAIZI HAOXINGGE YINGZI QIPAOXIAN

培养孩子乐观开朗性格的 3 种方法

在孩子的成长过程中，乐观开朗的性格是很重要的。乐观开朗的人更能感染周围的人，使他们获得快乐，积极面对生活。不管是孩子还是大人，都喜欢和性格开朗的人做朋友，如果孩子性格沉闷，孩子周围的伙伴也会受孩子影响，时间一长，就会心情烦闷，小伙伴们就不想再多与孩子接触。

刘静是一名初中女生，前两天学校进行了期中考试，考完后她就魂不守舍，总觉得自己考砸了，心情郁闷得吃不下饭，睡不好觉，害怕成绩单发下来。

有同学问她怎么了，她说："我肯定考砸了，有好几道大题我都是胡乱写的答案，万一成绩发下来，妈妈会骂死我的。"

同学拍拍她的肩膀，说道："你妈妈好像没那么凶吧，而且你的成绩不是一向挺好？偶尔一次阿姨不会生气啦。"

"你不懂的，就算我妈不生气，我也会生气，我真没用。"

刘静的朋友吓了一跳，盯着她看了半天，突然摆摆手说有事，自己先走了。

而刘静还在那里郁闷，越想越消极。

一场考试而已，竟然在刘静的心中有这么大的分量，没考好就否定了自身的存在价值，是错误的想法。人生事十有八九不如意，孩子正在成长期，如果父母不对孩子进行正确的指导，那么孩子很可能就会像刘静一样，否定自我，陷入沮丧之中。

那么，父母该怎么做才能让孩子乐观向上的健康的成长呢？我们不妨一起来看看专家的意见。

1. 父母常笑孩子才乐观

都说父母是孩子的第一任老师，老师教得好，学生才能成才。想让孩子成为一个乐观开朗的人，父母的性格就应该是积极向上的。气氛沉闷的家庭环境会带给孩子一些不良的影响，试想一下，在一个充满敌意，没有欢声笑语的家庭里，就算是大人也会心情郁闷，何况是孩子呢！只有在充满爱的环境下，孩子才能自信、自立、培养出乐观积极的生活态度。

所以，为孩子营造一个和谐友爱的家庭环境是让孩子健康成长、拥有乐观心态的首要条件。

2. 多培养孩子的兴趣爱好

恬恬是个只知道死读书的女孩子，因为总是埋头学习，她和其他同学之间的交流很少，身边也很少有志同道合的朋友，所以经常孤单单的一个人走在上下学的路上，心里有了烦闷的事情也没有人可以倾诉。

恬恬妈看在眼里，疼在心里，怕这样下去对孩子的成长不好，就向朋友请教。

"你可以让她多学些东西，培养她其他的爱好啊。"朋友建议。

恬恬妈觉得十分有道理，回家就计划了一番，周末的时候就带着恬恬去了兴趣班，这里有学画画的，有学各种各样乐器的，恬恬起初还有些木讷，后来就渐渐放开，和小伙伴们一起坐在画板前画了起来。

看来，这个方法真的很有效，恬恬妈心想。

广泛的爱好能使孩子在受到打击或挫折时的消极情绪得到有效转移。不管内向还是外向的孩子，父母都应该培养其多几项兴趣爱好。当孩子遇到不顺心的事情时，父母可以和孩子一起做孩子喜欢的事情，比如画画、读书、看电视等，当注意力得到转移，孩子的不良情绪就会慢慢得到排解。

3. 勿管教太严，让孩子多交朋友

父母要多鼓励孩子和不同年龄段的人交谈、做朋友。尤其是当你的孩

子情绪低落的时候，做父母的要让孩子多和性格开朗的伙伴相处，让对方的乐观心态逐渐感染孩子。孩子性格悲观，有很大一部分原因是因为孩子没有朋友的陪伴，感觉孤独无助。如果孩子能有几个相处融洽的知心好友，在孩子心情郁闷而父母又无暇顾及的时候陪在孩子身边，他们就会对孩子有很大的帮助。

如何预防孩子的自闭倾向

小学六年级的乔健最近在学校不仅性格沉闷，还越来越不爱说话了，而且有时候老师上课提问题让他回答，他都支支吾吾说不出来，但是做试卷的时候，他的答案却很正确。

"是不是我提问声音太大，吓到他了？"老师不禁自问。以后再提问题的时候，老师语气便柔和了很多，但这样也没让乐宝宝亲口把问题回答上来。

而且，乔健的情况一天比一天严重了，到后来，乔健在学校里基本不和同学来往，也没听他开口说过话，老师觉得这太不正常了，就把他带到了学校的心理咨询室。

通过检查，心理老师说乔健很可能患上了自闭症。老师吓了一大跳，赶紧和乔健的父母联系，这才知道，原来乔健的父母前段时间刚刚离婚了。

经过专业的心理师的检查、分析，最后确认，乔健的确患上了轻微的自闭症，主要是缺乏来自父母的关心造成的。乔健的爸妈听到结果后，十分自责，虽然知道父母不和会对孩子造成影响，但没想到影响会这么大。

据统计，6~14岁的孩子患上自闭症的概率比成人高得多。当孩子患上自闭症后，与他人沟通的能力便会下降，社交出现障碍。自闭孩子语言能力较差，不能和他人进行正常的语言交流。有些孩子本来语言能力较强，但患上自闭症后，语言能力也会出现倒退现象，与人沟通出现障碍。还有些孩子在患上自闭后，智力也会大幅度下降，表现出低智商、零思考等症状，对孩子的成长发育十分不利。

那么，当父母发现孩子有自闭症的征兆时，该怎么办呢？我们一起来看看专家的建议吧。

1. 陪伴在孩子身边，多鼓励孩子开口说话

自闭症又叫孤独症，不管是成人还是孩子，都可能患上自闭症，但在家庭不和谐的孩子身上更易出现，多发生在儿童早期，常表现为儿童情感、语言、思维等多方面行为发育障碍。

当家庭出现问题，如夫妻不和、家庭暴力等情况时，孩子长期压抑自己的情绪，再加上不知道怎么向他人寻求帮助，很容易将真实感情封闭在自己内心深处。慢慢的，孩子就有可能不知道如何和别人交流了，以至于丧失语言能力，产生自闭性格。

这种时候，父母要经常陪伴在孩子身边，主动和他沟通交流，谈一谈他最近的学习情况，或者是问问他最近又学到了什么新本领，总之，想尽一切办法，让孩子开口和你说话，而且是心甘情愿的主动和你聊他的事情和心事。如果孩子愿意和你交流并将心里话讲出来，这表示他已经渐渐远离了自闭的大门，只要父母再多关心他一点，多鼓励他开口说话，就可以起到事半功倍的效果。

2. 寻求专业人士的帮助

患自闭症的孩子，不管是生理还是心理上，都和正常孩子有着巨大的差距，情况较轻的时候，父母还能和孩子进行简单的沟通，但当孩子已经完全封闭自己的内心，不愿意同身边人有所交流时，父母就束手无策了。而专业心理治疗师有丰富的治疗经验，把孩子交给他们，能使孩子得到专业的治疗。

3. 别让高楼大厦束缚住孩子的心

大城市里,全是高楼大厦,孩子连个玩耍的草地都没有,在这样的封闭空间里,孩子玩耍的本性受到了抑制,这样的环境中,难免生出抑郁心理。所以,父母应多带孩子去户外玩耍,并鼓励他和朋友们走出高楼,多享受阳光下玩耍的快乐。

能坦然面对现实的孩子更易得到快乐

7月正是酷暑时期,10岁的儿子跃跃一进家门就对妈妈说:"妈妈,快给我拿根雪糕,热死我了。"

妈妈笑呵呵地从冰箱里拿出一根雪糕,顺带着把一块毛巾递到了他的手上,"先擦把脸再吃。"

"谢谢妈妈。"儿子很高兴的接过毛巾在脸上抹了一把,然后举起雪糕,开心地吃了起来。然后妈妈就去厨房忙了,可没一会儿,外面突然传来儿子"啊"的一声惊叫,妈妈心里一惊,赶紧跑出来问:"跃跃,怎么了?"

"雪糕掉地上了。"朋朋委屈地说道。

"这样啊,那妈妈再给你拿一根?"妈妈试探地问道。

但没想到儿子没有露出欣喜的表情,反而拉下脸,十分执拗地看着地上的雪糕说道:"我要吃雪糕!"

"可是它已经掉到地上了啊。"

"我不管,我就要吃这根雪糕!"儿子大声嚷嚷着,完全不管他想吃的雪糕已经掉在地上,快化成水儿了。

当意想不到的问题出现时,孩子的承受力往往有限,这时,他们常用"刁难"父母的方式去逃避困难,如一定要让父母帮他们将物品还原,而坚决不肯面对现实等。

如果父母纵容孩子的这一不良行为，以后再出现类似问题的时候，孩子仍会想着依靠父母去逃避现实，最后成为一个离不开父母的"寄生孩子"。那么，当孩子不愿意接受现实时，父母应该怎么做呢？儿童教育学家建议：不接受也得让孩子接受，只有接受了才能改变现实，才能更好地成长。

1. 让孩子明白世界上没有完美的东西

欣怡不小心把最喜欢的日记本撕坏了，她着急地找到妈妈，伤心地说道："妈妈，我的本子破了，怎么办，我想要我原来的本子。"

"宝宝别难过，我们一起把它粘好怎么样？"

"可是它不是原来的本子了，我不要破本子。"

"那我们换个新的？"

"不要，我就要这个本子。"

"那怎么办？"妈妈看着热泪盈眶的女儿本来想发火，但她突然想到，让她哭出来，把气发出来怎么样？

于是，她抱住女儿，轻轻拍着她的后背，安抚道："宝宝，哭出来没事的，妈妈不会训你，本子破了，它很疼，可它不会哭，我们一起，替它哭出来，好不好？"

"妈妈……"

"没关系的，妈妈也很难过。"

"呜……妈妈……"欣怡大声地哭了出来，妈妈一直轻轻拍着孩子的后背，等着孩子哭完，情绪缓和过来。

"妈妈，我们一起把它粘起来吧。"哭完的欣怡小声抽泣着，难过地拿来一卷胶带，在妈妈的帮助下，把破损的本子重新粘合在了一起。

孩子压力过大时，就会想要逃避现实，不希望这个世界有任何不完美的事情发生。但这是不可能的，如何将沉溺于幻想世界中的孩子带入现实，就是父母的责任了。

首先，父母可以先想办法让孩子通过哭、嚷等方式把压抑在心里的不快发泄出来。这时因为当孩子哭出来的时候，往往是因为看清了现实的不如意，才伤心难过。然后，父母再告诉孩子，世界并不是完美无缺的，任何一个人，一个事物都有优、缺点，我们要看到优点，但也不能忽略缺点，在温和的讲道理中让孩子真正理解并接受。

2. 教孩子做一个坚强的人

10岁的儿子突然感冒发烧了，吃了一天药却不见好转，妈妈便提议道："儿子，我们去医院打针吧。"

"不，不去。"儿子艰难的摇摇头，缩在被子里。

"可是不打针，病不会好啊，你会很难受的。"妈妈焦急地说道。

儿子还是不答应，把自己蒙在被子里，小声说："不打针，疼。"

"原来是怕疼啊。你是男孩子，应该有男孩子的样子，你看前两天邻居家的妹妹还去打针了呢，听说她一点都不怕。女孩子都不怕，你怎么能怕呢。男孩子要坚强一些。"

儿子在被窝里犹豫了一会儿，两分钟后，自己穿好衣服偎进了妈妈怀里，说："妈妈，我们去医院吧。"

每个孩子都会面对很多不愿意接受的现实，比如不能尽情地玩耍、上学就要早早起床、成绩不好等。这些在父母眼中可能只是一些小事，但在孩子心里，却是大事了。

所以，想要让孩子能坦然接受现实，培养孩子的坚强性格是很有必要的。父母可以有技巧地对孩子施以语言暗示，就像故事中的妈妈，让男孩和女孩做比较，男孩的自尊心比较强，女孩子都能做到的事，他当然也要做到。最后一举两得，既让儿子去看了医生，又让儿子懂得了什么是坚强。有同样苦恼的父母不妨借鉴一下。

让孩子遇事不悲观

徐壮壮是一名初三的学生,本来性格开朗,是个爱说爱笑的大男孩。但最近不知道是不是初三学习压力太大,他总流露出一种对生活绝望的神情,见人就说一些消极的话。

这天,壮壮没去上学,而是在家里睡懒觉,徐爸爸发现后,来到他房间关心地问:"儿子,怎么没去上学?生病了吗?"

壮壮没回答,不耐烦地翻了个身,躺床上继续养神。

"怎么不理爸爸,真生病了还是装病?"

壮壮见躲不过去了,便支着身子坐了起来,懒懒散散地回答说:"反正我成绩又不好,再学也比不过年级第一名,还不如在家睡觉,反正人早晚都是死,学不学东西有什么区别。"

"儿子你怎么这么说呢?做人不能太消极啊。"

"没消极,讲事实而已。算了,在家也睡不好,我还是去学校打混吧。"说完,气恼地甩了甩头,在徐爸爸开口之前,从床上跳下来,穿好衣服,拎着书包出了家门。

生活中,当孩子遇到麻烦就往坏处想,而看不到事物美好的一面时,就说明孩子出现悲观消极的思想了。这是孩子由于年龄、阅历等缘故,对自身的能力认识不足,面对问题时走入思维的误区所致。因此,父母在和孩子交流时,应帮助孩子正确认识自己,了解自己的能力,相信自己,相信生活的美好。具体来说,父母可以采取以下方式帮助孩子摆脱悲观的思想。

1. 让孩子明白"世上美好的事物总比丑陋的事物多得多"

孩子也有可能是因为看多了社会的负面事情,而产生以偏概全的印象，再加上遇到难题时的挫败感，种种问题叠加到一起才产生了悲观感。这时父母就要多带孩子出去玩，让孩子体会自然的美丽，多和孩子讲社会上的感人事迹，让孩子看到世上的温情，多领孩子四处走走看看，让孩子看到自己身处的城市、家乡的新变化，亲身体会到美好事物无处不在。更重要的是，父母可以在适当的时候引导孩子认识到：我们的这个世界也有不足的地方，但是这并不能掩盖花儿的美丽、阳光的灿烂。

2. 帮助孩子正确认识自己的能力

很多孩子在遇到麻烦或挫折时，就会有种挫败感，对自己的能力有些质疑，而事实上，真正的原因往往是孩子没能正确发挥自己的能力，如做事不讲方法而事倍功半，浅尝辄止没有继续坚持就认为自己的能力还较低，克服不了就会比较沮丧悲观。这时，就需要家长帮助孩子正确认识自己了，如可以通过一起努力，引导孩子"再坚持一下""换种方法试试"等，再加上家长告诉孩子自己小时候面对类似难题时的感受和解决之道，就会让孩子逐渐醒悟过来：哇，原来我的本事还是不小的嘛！悲观情绪自然消失得无影踪了。

3. 让孩子享受成功的喜悦

当孩子做事总是笨手笨脚的时候，孩子很难把自己看成是会成功的人，这样，孩子的自信心开始降低，各种悲观想法就会从大脑里一涌而出，使孩子更加没有自信，陷入恶性循环。所以，多让孩子体会到成功的喜悦，是孩子获取自信心的最佳方式。

父母可以故意安排一件容易的事情让孩子完成，并可以暗示孩子，这是一个艰巨的任务，除了孩子其他人都不能完成。父母的信任，会使孩子信心加倍，获得成功后的成就感，也就越大，渐渐的，悲观情绪就会离他而去。

4. 告诉孩子及时向长辈"求援"不丢脸

有的孩子到了七八岁后，遇到难题而自己一时难以解决时，往往会自己生闷气也不愿意向老师、父母求教，这是为什么呢？原来这个年龄的孩子已经有了比较清晰的"面子"意识了。同龄人能搞定的事情，自己却搞不定，多没面子！而再求教师、家长，更多人知道了自己的"笨"，那就更没有面子了，这种顾虑越积越多，时间长了，遇到的问题也会更多，悲观情绪自然产生。

当发现孩子有麻烦而又不求教时，家长可主动和孩子沟通，用讲故事、聊天等方式化解孩子心中的顾虑，让孩子明白，父母也有自己不懂的事情需要向别人请教呢，自己这么小，正是学知识的时期，有解决不了的事情才正常，向师长请教不是丢人的事儿。

孩子性格太内向须防抑郁

莹莹妈和邻居聊天的时候说起了孩子的性格问题。

邻居很苦恼地对莹莹妈抱怨道："哎，我真不知道现在的孩子都是怎么回事了，你说只是性格有点内向，怎么突然就得了抑郁症呢。"

原来，邻居家的女儿素素前几天刚发现患上了抑郁症，一家人急得到处找心理医生咨询怎么治疗这个病。但是素素平时是个挺乖巧的女孩，虽然总是低着头走路，显得有些腼腆，却没想到会患上这种心理疾病。

"难道抑郁症和性格内向很有关系？"莹莹妈忍不住问。

邻居也不太清楚这两者的关系，只记得当时医生说过，是因为素素性格过于内向，心里的郁结难以抒发，才导致抑郁症的产生。

她似懂非懂地点点头，说："好像太内向的话，就有得这个病的可能。"

"那我也得多注意点我们家莹莹啊，她的性格你知道的，自从上了初中，就越来越不爱和人说话了，见个陌生人都脸红的往人身后躲，别也得上这病，让大人替她们着急、发愁啊。"

"就是，这么说来的话，你家莹莹的性格，确实和素素挺像的，你可得注意点，免得到时候着急上火。"

"嗯，谢谢你啊，我这就回去观察一下她去。"莹莹妈说完，就和邻居道别，回了自己家，上网找了一大堆资料，研究自己的女儿到底有没有抑郁性格的倾向。

难道，孩子性格内向，真的会得抑郁症吗？其实不然，只不过性格太内向，患抑郁症的可能性会大大增加，使孩子把自己封闭在自我的世界中，难以与现实中的人来往。

心理研究表明，性格过于内向、不爱说话，喜欢独来独往的孩子，比其他孩子更易患上抑郁症。性格内向的孩子内心世界敏感且脆弱，性格比较软弱，当在生活中遇到挫折时，常表现得很无助、手足无措，找不到可以帮忙的人，也不愿意和他人讲自己心里的苦闷，时间一长，自然而然地就会感染上抑郁的"病毒"。

那么，如何才能避免性格内向的孩子患上抑郁症呢？专家认为，家长可以采取以下两点应对措施。

1. 放松心情赶走抑郁

抑郁症的产生多与压力过大、家庭不和等有关，属于心理疾病。而性格内向的孩子在无法排解心里的压力时，就有可能产生抑郁性格。所以，当父母发现孩子过于内向，和他人沟通渐渐出现障碍时，就要考虑如何缓解孩子的这一情绪，让孩子远离抑郁性格了。

父母可以帮孩子放松心情，当孩子的心情愉快时，不良情绪就很难出现，是对抗抑郁的绝佳方法。当孩子不太愿意说话时，父母应该鼓励孩子做一些能放松心情的事情，比如听听音乐，参加一些户外运动等。

2. 不要以敷衍的态度对待孩子

有些父母虽然发现孩子和正常孩子不一样，但没意识到事情的严重性，经常是一两句无关痛痒的话就带过，没有真正给予孩子关心和爱护。

孟凡君是一名15岁的初中男生，但和其他男孩子相比，他性格比较内向，为人处事比较腼腆，不太爱和同伴打闹，有什么话也不太愿意和父母说。

不过这一天，孟凡君倒是很想和爸爸聊聊天，他回到家后，犹豫了很久，还是来到了爸爸的身后，小声说："爸爸，我有些事想和你聊一下。"

"好啊，是什么事呢？"爸爸正在看最喜欢的足球比赛，虽然对儿子的表现十分惊奇，想认真听他说话，但球赛到了最关键的时刻，他舍不得把眼球移开。

孟凡君一看爸爸的态度，心就凉了一半，支吾半天，还是决定什么也不说了，以后的日子里，他更是闷闷不乐，很没精神的样子。三个月后，当学校的老师告诉孟凡君的父母，好像凡君患了轻度的抑郁症，建议带孩子去医院检查时，凡君的爸妈惊呆了。

孩子在遇到困难或挫折的时候，最先想到的就是父母，如果父母在孩子寻求帮助的时候敷衍了事，对他们说，"这没什么"，或"是你大惊小怪了"。而这些话并不是孩子想听到的答案，孩子想让父母在这个时候拉他们一把。因此，父母应在孩子有需要的时候，及时伸出援手，倾听孩子的苦恼，给予帮助。

培养孩子一切向前看的性格

健康成长的孩子应该是用乐观的眼光看待问题的，他们的眼睛始终盯着前方，不管遇到什么艰难险阻，哪怕一时半会儿解决不了，也不会颓废，让自己陷入困境，而是坚定地相信，只要自己能向前看，以后就一定可以解决问题，走出属于自己的精彩人生路。

父母教孩子向前看，并不是单纯地让孩子好高骛远，而是包含了他们对孩子的爱和希望，希望孩子不被挫折打败，不走回头路。而生活中能做到向前看的孩子，一般都比较有主见，也更容易在未来获得成功。在家庭中，父母如何教孩子学会向前看呢？以下两种方式可供参考。

1. 改变教育的方式和思维模式

"我怎么什么也做不成呢？"

"我到底有什么用？"

"唉，今天又做错事了，到底该怎么办呢？"

"我真的有这么笨吗？连这点儿小事都办不好！"

11岁的琦琦最近遇到了很多烦心事，不是丢三落四，就是把同学的水给撞翻了。还有一次，他在自己的座位上坐得好好的，也能撞到旁边的同学，害得同学把手里的泥塑像给摔碎了。

"妈妈，我怎么这么没用呢。"连番受到打击的琦琦回到家就栽进了妈妈的怀里，一阵痛哭。

妈妈耐心地听完他的诉说，蹲下身拍着他的背安抚道："琦琦不哭，这是好事儿啊，有什么难过的。"

"这么倒霉也是好事吗？"琦琦抽泣着问。

"对啊。"妈妈和蔼地看着他，抚着他的头，笑着说道："你想想，福祸相依是说什么的？"

"幸福和祸事是挨着的。"这个词琦琦学过，很快就回答了出来。

妈妈点点头，说道："对啊，所以，坏事已经要结束了，接下来你要面对的，可就是一个个的好事情了。"

"真的吗？"

"当然。"

听了妈妈的话，琦琦的情绪马上得到了好转，很希望这一天赶紧过去，好迎接明天即将到来的好事情。

父母的教育方式和思维模式对孩子的影响力是不可低估的，如果父母的思想观念比较僵化，在孩子遇到挫折的时候，不能及时给予积极向上、向前看的正确建议，孩子的性格也会因此变得消极，在面对困难的时候，就没有了向前冲的动力和勇气了。

所以,父母在教育孩子的时候,可以尝试多种积极的教育方式,找到最适合孩子的方法,培养孩子一切向前看的积极人生态度。

2. 教孩子学会积极的自我暗示

丁勇是一名12岁的男生,最近他把好朋友最喜欢的玩具弄坏了,见朋友没发现,就偷偷逃回了家,但他总觉得良心不安,每天心情都很郁闷,想去承认错误但又怕对方不原谅他,到时候自己岂不是很没面子。

可他又觉得再这样下去也不是办法,自己的心情肯定会越来越差的,于是他就找到了爸爸,对爸爸说出了这件事的经过,强调自己并不是故意弄坏朋友的玩具的,然后问爸爸:"反正他也没发现,我是不是不用道歉啊。"

"做错了事情就得认错,当然要去道歉。"爸爸很肯定地回答道。

"但是……"丁勇吞吞吐吐地说道:"他要是不接受我的道歉,我们就做不成好朋友了,然后我们以后就会变成仇人,再也不会在一起玩,也不会再说话,我不想变成这样。"

"你怎么能这么想呢。"爸爸很惊讶地看着丁勇,没想到儿子的心态竟然这么消极,得及时纠正过来。

于是爸爸说:"你要多向前看看,不要把事情想得那么悲观。你可以告诉自己,你朋友一定会原谅你的,因为你是这么勇敢,主动承认了自己的错误。你一定要在心里对自己说,他一定会原谅你的。"

"真的……会吗?"

"你可以不停地在心里这样对自己说:他会原谅我,他会原谅我……那么,你一定会拥有去道歉的勇气的。"

这位爸爸培养孩子积极心态的方法我们可以称之为"自我暗示法"。也就是教会孩子,凡事要往好处想,天塌下来,还有地撑着呢,一两个小小的挫折,无须惧怕。

法国思想家卢梭曾说:"除了肉体的,痛苦都是人想出来的。"由此可以看出，那些因为遇到困难就担心害怕、烦恼不已的孩子们，都是在自寻烦恼。父母作为成熟的大人，应该帮助孩子正确认识这些烦恼，用自我暗示的方法，增加孩子的自信心，和凡事向前看的积极心态。

让孩子在劳动中得到快乐

周妍今年已经10岁了，但一点也不会照顾自己，偶尔一次想自己洗袜子，还把水盆打翻，不小心摔了一跤。从那以后，妈妈就禁止周妍的一切劳动。

"妈妈，明天学校要去郊区种菜，你说我种点什么好呢？"这天一放学，周妍就高兴地跑到妈妈身边，抱着她的腰撒娇道。

妈妈一听，急了，忙问："能不能和老师说不去了？"

"为什么？同学们都说很好玩。"周妍撅着嘴脸上的笑容渐渐不见了，"你都不让我在家里干活，同学们知道我连自己的袜子也不会洗，笑了我好几天呢。这次我要是再不去，他们肯定又说我娇气了。"

"郊区路不好走，很容易摔倒的。而且种菜也挺麻烦，万一受伤了怎么办？种东西要施肥洒农药，真让人担心。"总之，妈妈的意思就是不想让女儿去受罪。

这时候，爸爸正好下班回来了，周妍委屈地跑过去，抱住爸爸的腿说道："爸爸，我想去种菜……"

"爸爸支持你！"了解了前因后果后，爸爸替她做了主。

妈妈想阻止，却听爸爸转过头来对她说："老婆，上次只是妍妍不小心才摔了自己，这次有老师和同伴们一起呢，你就让她去吧，多运动运动，不仅对她的身体有好处，对她的心灵发育也是很有益的。"

妈妈没办法，只好不甘心地答应了下来，当天晚上，为女儿准备了一大堆应急物品，吃的、喝的、用的，应有尽有，就怕落下了什么东西，苦了女儿。

劳动是我国传统美德，热爱劳动的人性格更开朗，但现在的孩子大多是独生子女，被父母捧在手心里，护在心坎上，洗衣、打扫等家务活从来不愿意让孩子插手，怕孩子受伤、受累。殊不知，这样一来，孩子就无法体会到劳动的快乐，而十来岁的孩子正是性格形成的关键时期，如果孩子连劳动都没有接触过，对他的性格形成是很不利的。

所以，作为父母，不应剥夺孩子劳动的权利，相反还应鼓励孩子多参加劳动。那么，父母到底该怎么做，才能让孩子体会到劳动的快乐呢？

1. 从小锻炼孩子的动手能力

6岁的奇奇吃饭有一个毛病，自己想吃离自己远的饭菜，却一定要让父母亲自夹着，喂进嘴里才行，你要是让他站起来去夹，或者把菜移到他跟前让他夹，他一准哭闹起来，非得让父母动手才行。

其实，这也不怪奇奇。要怪就怪奇奇的奶奶太疼爱孙子，在奇奇还小的时候，奇奇想自己吃饭，奶奶却说孩子还小，怎么也不同意，一直手把手地喂奇奇，从不让他自己动手。现在奶奶回老家养老去了，奇奇爸妈想把他这个坏毛病纠正过来，却发现孩子已经养成习惯了，不管怎么教育，成效都不大。

当孩子能爬的时候，动手欲望就会慢慢强烈起来，看到什么东西，都想亲手碰一碰、动一动，尤其是吃饭的时候，对食物的好奇和欲望会使孩子想亲自动手拿勺握筷。但父母总担心孩子把握不好，要么烫着自己，要么就是把饭菜洒得到处都是，很难收拾。所以父母在孩子小的时候，一般都不让孩子自己动手吃饭。

这样一来，父母总是又哄又劝地喂着孩子，会让他对父母产生强烈的依赖心理。日后自己能做的事就也不想亲手去做了，心里会想"反正爸爸妈妈会为我做好的"。

其实，父母完全可以想开点，不要担心孩子会把饭送到鼻子里，正所谓熟能生巧，如果不能让孩子经常练习，何来的熟，何来的巧呢？而且，当孩子自己吃完一顿饭，亲手洗出一双袜子的时候，他内心的快乐和自豪是父母包办代替完全不能相比的。为了让孩子能更快乐的生活，父母还是尽早培养孩子的动手能力吧。

2. 根据孩子的兴趣安排劳动任务

专家指出，动手能力强的孩子，大脑发育更发达，更能成为一个聪明的孩子。而且在做自己想做的事情时，孩子的动手能力则最强，更能感受到劳动的快乐和成就感。

所以，父母在培养孩子的动手能力时，可以根据孩子的兴趣安排活动。比如，孩子喜欢画画，那就安排他去收拾画具，整理画册等。在看到自己喜欢的事物时，人本能的就会感到愉悦，在这种情况下进行劳动，能起到事半功倍的效果。

另外，当孩子完成一项劳动任务时，父母不要吝啬自己的夸奖，大声地称赞孩子，将会使孩子更热爱劳动，这也是孩子在付出劳动后得到的最好的回报。

教孩子学会用微笑待人

陶涛和明明都是8岁的男孩，今天，他们在父母的聚会上相识了，脾性相投的两个人很快就玩到了一起，你一言我一语，讲着身边发生的有趣事。

两家父母见两个孩子玩得这么开心，就把他们扔在了一边，自己去和好久不见的朋友们聊天去了。

可没过多久，两对父母就听到了陶涛和明明大声争吵的声音。先是陶涛朝明明吐了吐舌头，一副十分鄙视他的样子，明明似乎很生气，看见旁边摆着几块蛋糕，抓起来就扔向了陶涛。结果陶涛头上身上全是蛋糕污渍。

"你这个笨蛋,分明就是我说对了,竟然吐我!"明明很不服气地瞪着志标。

陶涛一边抖落身上的蛋糕,一边气急败坏地说道:"我的答案才是最准确的,你那是胡说八道。"

两个孩子各执己见,当两边父母跑过去的时候,两个孩子都动了手,快掐起来了。父母也不问到底是什么原因,先把两个孩子分开,各自训斥了一遍,相互道歉后.拉着自家孩子回家去了。

这个故事中,先不管孩子的行为到底对不对,首先父母的解决之道就有些问题。当孩子因为相处发生争执时,父母应该问清楚事情发生的经过,再根据孩子的诉说想到最合适的解决办法,而不是匆匆道歉,各回各家就结束了。

八九岁的孩子还不善于控制自己的情绪,遇到不顺心的事情,很可能会出现发脾气、哭闹、打骂等不理智的行为。父母该怎么做,才能让孩子友好地与他人相处呢?

1. 微笑法则,永不落伍

在社会中,人们最美丽的表情就是微笑。微笑不仅能使孩子心情愉快,还能消除疲劳感。当孩子走在大街上,看到的都是笑脸的话,相信他的心情一定会变得很舒畅,不管遇到什么不快,都能在此刻将它赶跑。

而且,在与人的相处中,微笑代表着认可、好感与接纳。在孩子的性格还不完善时,如果父母教会孩子不管在任何时候先对他人微笑,孩子一定能建立起和谐的人际关系。

在教孩子笑对他人的时候,父母要把笑的好处清楚地告诉孩子,让孩子知道笑的魅力是世界上事物都无法相比的。当孩子学会微笑后,再教他用笑容控制心里的不良情绪,不要轻易与人发生冲突,要和善地对待每一个人。

当然,父母也可以告诉孩子,当孩子与朋友发生不愉快的时候时,孩子也可以用笑容感染对方，让对方在孩子的微笑中得到快乐，继而疏解心里的烦闷，重新拾取快乐的心情。这样做，不仅朋友得到了快乐，孩子也有可能收获意想不到的回报。比如，一份珍贵的友谊。

2. 教孩子让人快乐的技巧，如会说笑话、会关心人

玥玥的好朋友敏敏最近很不开心，因为最疼爱她的奶奶过世了，这让敏敏十分痛苦，每天眼睛都哭得又红又肿，玥玥很是担心，想为好朋友做点什么，但又不知道应该做些什么。

玥玥去问妈妈，妈妈说："那你就多陪陪她，多对她笑，她不开心的时候就哄她开心，她难过的时候就逗她笑一笑。"

"那她要是想哭呢？"玥玥一想起敏敏这几天红肿的眼睛就难受，怎么才能让她不再哭呢？

"那你就让她哭出来吧。"

"啊？"玥玥以为自己听错了，不解地问："让她继续哭？"

"对，再哭一次，这次之后，就只能笑了，因为人活着，必须要笑对人生！"

"妈妈，你这话好酷哦。我这就去找敏敏。"玥玥在妈妈脸上亲了一口，兴冲冲地跑出家门，去找敏敏了。这一次，她一定要让敏敏笑出来，从心里笑出来。

可见，父母不仅要教会孩子自己如何去笑对人生，还应把如何用微笑去帮助他人的技巧教给孩子。当孩子身边的朋友感到失落、难过时，孩子就可以用这些方法，使朋友重新开心起来，让朋友间的友谊更加亲密。

让孩子学会品味生活

每一粒种子，都希望在阳光雨露的滋润中结出丰硕的果实；每一只雄鹰，都期待在云天万里的辽阔中练就一对有力的翅膀。那么，相信每一个孩子也都想在多姿多彩的生活中一步步将梦想变成现实。

然而，生活是一个多彩的竞技场，也是一辆没有终点的公共汽车，走进去的人，或许根本不知道会遇见什么样的对手、旅伴，不到生命的最后一刻，也不会清楚自己到底是输是赢，是否到达了理想中的目的地。

每一个孩子在成长的过程中，都会遇见许多人，经历许多事，其中有快乐的，也有让自己烦心的。对于快乐的事，没有哪个孩子愿意躲开它。但在遇到烦心事时，有些孩子可能会郁郁寡欢，会消极抵触，会伤心失落。

上初中的男孩小武，最近的学习、生活状态都越来越差。每天回到家，他不是看电视就是上网，爸妈不催促，他根本不会主动去做作业。不仅如此，他每天的情绪也比较低落，看起来很忧郁，爸妈问他有什么烦心事，他总说："没事儿，你们别瞎操心了！"之后，他就不再愿意和家人交流。后来，妈妈打电话给小武的老师，想问问小武的学习情况。老师告诉她，最近小武的压力好像比较大，整天昏昏沉沉的，同学们叫他去玩，他总说"无聊""没意思"之类的话，看起来像是对生活中的很多事都没有激情，没有期待。

小武之所以这样，可能是因为他不懂得在生活中感悟和思考，不会品味生活和在现有条件下享受生活带给自己的乐趣。在学习压力不断增大的过程中，他没有调整好自己的心态，只是昏昏沉沉度日，而不愿细细品味生活中的一切。

其实，生活是由多种元素构成的，其中有痛苦或悲伤，有兴奋或快乐，没有谁能彻底清除生活中的所有不快。因此，作为家长，该做的不是把孩子放进"蜜罐"中，而是教他们用积极的心态品味生活中的点点滴滴，最终悟透生活的真谛，成为生活的真正享受者。让孩子学会品味生活，家长可选择以下方法。

1. 指导孩子体验不同的生活

教孩子品味生活、在现有条件下享受生活，家长可以让孩子适当体验其他人正在过的生活。比如，让孩子采访爷爷、奶奶，了解他们小时候的生活状况及家庭、社会环境等，或带孩子去周围的农村，让他体验劳作的辛苦与"自己动手，丰衣足食"的快乐。这样，孩子就会懂得自己生活的来之不易，会更加珍惜和享受已拥有的一切。

另外，要让孩子体验不同的生活，家长还可以设计一些能体现生活中酸甜苦辣的小品，然后和孩子一起表演。这个过程中，孩子不仅会有和平时不一样的生活体验，还会感受到表演小品的乐趣，从而更喜欢当前的生活状态。

2. 鼓励孩子说出心中快乐的感受

平时生活中，家长应经常鼓励孩子说出他对许多事物的看法和感受，且最好选择孩子比较感兴趣的事物，让孩子仔细描述并尽情发挥。这时，家长应在一旁认真倾听，不能无故打断孩子的话。否则，正说到兴头上的孩子会感觉自己不受尊重，同时，这件事带给他的愉悦感也会大打折扣。

除了让孩子尽情地说，家长还可以鼓励孩子记下自己经历的事和心中的感受，如让孩子写日记，记录每天的心情。这样一来，不仅孩子的语言表达能力和写作能力得到较好的锻炼，孩子对自己生活的感悟能力和思考能力也会慢慢提高。

3. 培养孩子高雅的生活情趣

情趣是一个人追求美好生活的积极向上的生活态度和快乐健康的心

理，是对生活中美好事物的感受和体验。它不仅能使一个人紧绷的神经得以放松，还能让人充分感受到生活中的各种美。

　　情趣有高雅和庸俗之分，高雅的情趣有益孩子的身心健康，庸俗的情趣则无法为孩子带来美的感受。所以，家长应从小注意培养孩子高雅的生活情趣，如让孩子多接触音乐、舞蹈、书画、诗词，或带孩子进行垂钓、旅游、打球等活动，以修身养性，保持身心健康。而对孩子长时间打电子游戏、吸烟、喝酒等行为，家长必须想办法制止，千万不能让这些恶习损害孩子的身心发育，甚至使孩子走上犯罪的道路。

第三章

学龄前是塑造孩子性格的关键期

阳光未来丛书
培养孩子好性格赢在起跑线

孩子一生成功靠性格

在20世纪初，就有很多教育学家和心理学家对如何培养优秀人才十分感兴趣，并进行了许多的研究。其中，有几位心理学家采用了一种"笨"办法进行研究，结果取得了丰硕的成果。

他们先是在全美范围内对十几万名儿童进行筛选，从中挑选出了近两千名智商很高、品学兼优的孩子，然后对他们的成绩、性格、家庭等因素都做了详细的记录，然后每隔两年就回访一次，并做些相应的总结研究工作。在经过了长达30年的回访后，心理学家们研究后发现，这些小时候很聪明的孩子在成年后并非都取得了令人称赞的成就。其中，有大约五分之一的人从小到大都表现得很出色，有的成为年轻的医学家，有的成为作家，有的成为优秀的企业家等。但是，还有大约五分之一的孩子无论在工作上，还是在生活中，都表现得很普通，儿时高智商的影子此时一点儿都看不出来了。

最值得心理学家注意的是，这些孩子们中间还有一些走上了歧路，如成为问题少年，甚至成年后成为狡猾的罪犯。到底是什么因素导致这些孩子在成长的过程中出现了这么大的变化呢？

原来，根据历次的回访记录，那些走上犯罪道路的人，大多在性格上有些问题，而这在他们小的时候就有一些征兆，如意志力薄弱、爱慕虚荣、偏激、自负等，但一直没有得到有效的纠正。而一些孩子虽然智商很高，但有懒惰、得过且过、不求上进的毛病，随着年龄的增加，他们在中学、大学的表现也就逐渐泯然众人矣。

可见，一个人的一生能否持续成功，其先天的智力水平虽然有一定的作用，但更重要的是其性格因素的影响。性格，是一个人对周围的人和事的态度和行为中比较持续的、稳定的个性心理特征。其在儿童时期逐渐表现出来，随着年龄增加和阅历的增长，会逐渐稳定下来，一旦形成就很难彻底改变，成为人的"本性"。

很多家长在家庭教育中，都比较倾向于关注孩子是否听话、学习成绩是否有进步、身体是否健康，却往往忽视其性格的"成长"是否顺利。同样的，家长也往往用孩子是否取得第一名、学了几门艺术特长、是否考试好作为评判孩子成功与否的标准。其实，这些还只是孩子在成长阶段一时的成绩，至于孩子能否在日后的人生中都能取得令人羡慕的成就，需要的不仅仅是知识了，更需要其拥有优秀的品性。

俗话说："性格决定命运。"孩子拥有什么样的性格才能获得一生的成功与幸福呢？我们还是拿上面的研究案例来说。经过研究，心理学家发现，对孩子的一生影响最大的性格因素主要有以下几种。

爱心。在家教中，家长应从小培养孩子的爱心和善心。这样的孩子往往心地善良，无论是做人还是处事，都会抱以积极、善意的态度，他们不但能赢得周围人的认可，还会得到更多的心理满足感和成就感。

毅力。在日常生活中，家长可鼓励孩子从小事开始锻炼毅力，不但能磨炼其意志，还能让孩子早早养成"有始有终"的习惯。孩子成年后，做事往往能从一而终，不轻言放弃，他获得成功的概率更高。

勇气。有勇气的孩子大都敢想敢做，对未知的事物能大胆尝试，对困难也不畏惧，可以说，有勇气的孩子不惧日后人生路上的艰险。但是，孩子的勇气是需要后天培养的，家长可在日常生活中鼓励孩子勇于面对难题，逐渐培养孩子的胆魄。

宽容。对于孩子来说，他们往往有保护自己和利己的本能，在和小朋友的相处中，会表现出"自私"和对对方不友好的一面。这时，家长就应及时教育孩子，要心胸开阔，能宽以待人，与对方共享自己的快乐，时间长了，孩子不但能赢得人们的喜爱，还能养成宽容之心，更有利于日后孩子从容面对不如意的人生境遇。

乐观。其实，做父母的都有这样的体会，在自己的孩提时代，眼中的一切都是令人兴奋的，无论什么都能玩得很开心，几乎没有什么能让自己长期郁闷的事情，这就是孩子的乐观性。在教育孩子中，家长可着力培养孩子的乐观性，这样，在成年后，无论是遇到多大的困难，孩子都能看到光明的前景，无论面临多么枯燥的工作和生活，他也能从中发现乐趣。这样的人，更有可能成为人生的胜者。

反思。我们常说"人贵在自知"，只有真正了解自己的优点和缺点、能对自己的所作所为及时反思和总结的人，才会不断地进步。对于孩子来说，他们对外界对自己都处在摸索的阶段，这就需要家长能及时指点，帮助他们明白"反思"对自己的好处，让他们能从小养成"自我监督、自我修正"的能力。

7岁，培养孩子性格的关键期

一旦谈到幼儿的教育问题时，有个名词就会常常被专家们提及——"潮湿的水泥期"。

它的意思是，在孩子7岁前，他们的品性有很大的可塑性，就像拌在水里的水泥一样，可以被塑成各种样子。7岁以后，孩子的性格就会逐渐定型，犹如晾干的水泥雕塑般，很难再进行改变。这个比喻很形象，也很容易理解，其意在于提醒家长们在早教时期要及时帮助孩子塑造良好的品性，既不能只顾智力开发不顾其余，也不能以孩子年龄小而不予重视任其自由发展。

20世纪的80年代初，英国著名的心理学家凯斯教授就针对这一问题进行了调查实证研究，他的研究方法和上一节中美国心理学家的方法如出一辙：跟踪调查。这种方式看似无甚新奇之处，而且费时费力，但确实很有效果而且往往很有说服力。

凯斯教授和同事们在英国各地共选择了八百多名7岁前的孩子，他们对每个孩子的性格进行了全方位的调查，并对他们的父母进行了相应的咨询，然后根据相关模型一一分类。最后，他们将所有的孩子根据性格不同分为 5 类人群，分别是自信心强类、适应性强类、内向沉默类、约束性强类和心理不安类。20 年后，凯斯教授又对这些孩子及其父母进行了回访，采集了详细的数据，然后进行对比分析。

在这几类性格中，自信心强和适应性强的人数约占总人数的七分之三，这些孩子中的八成人数在性格上和 7 岁前差不多，没有明显的改变，他们依然自信乐观，很受周围人的欢迎。

而其余的内向沉默类、约束性强类和心理不安类的孩子，他们在成年后的性格也大多和小时候一致。

这几类孩子的性格在成年后大多变化不大，但是各种性格给他们的影响都明显地体现出来。如自信的孩子更容易获得较高的成就，适应性强的孩子无论到哪里都能工作得很顺利，而内向沉默的孩子不愿意表露自己的喜好倾向，其余两类孩子的生活态度更消极些。

可见，"三岁看大，七岁看老"这句著名的谚语还是很有科学道理的。在家教中，如何让孩子在 7 岁前能得到良好的性格教育，值得每位年轻父母的重视。但是，知易行难，在生活中，我们做家长的在孩子的性格关键期应该如何做呢？对此，儿童心理学家提出了以下几项性格教育原则，供家长参考。

1. 了解自己孩子的性格特点

生活中，很多年轻的家长在聊天时往往有这样的感慨：

"某某家的孩子多活泼，一点也不怕生。"

"我们邻居的孩子多懂事，小小年纪都能给下班回家的爸爸拿拖鞋了。"

这些家长希望自己的孩子也能像别人家的"榜样宝宝"般出色，自然在家教中，会向人家的"标准"看齐，而忽略了自己孩子的个性。每个孩子的生活环境都是独特的，他所接触的人、事、物大相径庭，因此，他们的表现也各不相同，再加上先天的因素，综合起来形成了他的个性特点。

因此，家长在管教孩子前，首先要做的一件事情，就是深入了解自己孩子的性格，而不是盲目地按照自己心里的期盼去教育。而了解孩子性格时，就要结合孩子的先天因素和后天环境综合"考察"，毕竟了解得越细致，对孩子的成长教育越有帮助。

孩子的性格是外向，还是内向，还是内外兼有？孩子是沉静理智型的，还是情绪冲动型的？这些在生活中都能看得出来。孩子的性格中有哪些优点是值得发扬的，又有哪些缺点是需要及时纠正的，这些都明了后，就可以逐渐"塑造"其性格了。孩子性格的具体测试方法，我们在本章的末尾的一节中有专门的介绍，有兴趣的家长朋友可以参考。

2. 在游戏中塑造孩子的良好性格

我们已经知道，7岁前是孩子的性格的重要形成时期，这段时间中家长的工作是否到位直接关系着孩子一生的发展。在西方国家，家长们往往在这段时期内，通过释放孩子的天性，在陪他们玩耍中逐渐对其性格的形成施加隐形的影响，而且往往取得良好的效果。

而在我国，这段时期的早教往往偏重于智力开发，这就需要家长们注意如何在智力和性格培养中保持平衡了。其实，这二者也不是绝对的对立的。国内也有家长通过游戏的方式将智力开发和性格培育有机地结合起来，在学习时，通过增加趣味性吸引孩子的兴趣，达到在智力开发的同时锻炼孩子的忍耐心和专注力。

3. 注意培养孩子的道德意识

不少家长在教育孩子时，都会教他们不说脏话、不欺负人、要能辨明是非等基本的道德意识，但并没有认识到道德对孩子优良品性的促进作用。其实，道德的范围是比较广泛的，如友爱、谦让、同情、遵守规则等。它们不但能帮助孩子辨是非、明事理，还有助于孩子在成长中的自我监督约束，促进自己积极向上。

父母的性格影响孩子的性格

撒切尔夫人是英国的第一位女性首相,并且在保守氛围浓厚的英国政坛,她连任三届内阁首相,在她的带领下,英国在经济、外交、军事等领域都取得了很大的成就,她也因此成为20世纪著名女政治家。就是这样一位杰出的领袖,有谁能想到她是地地道道的平民出身,所有的成就都来自于自己的奋斗努力呢?

撒切尔夫人之所以能取得成功,和她那坚忍不拔、果断刚强的性格以及敏锐的政治洞察力有着密不可分的关系。这样一位让诸多男性政治家都深为钦佩的"奇女子",是天生如此优秀的性格吗?不是,而是深受她的父亲罗伯茨先生的影响,他们父女俩在性格、气质等方面都很相像。不仅如此,在她小的时候,她父亲就发现了两人的相似之处,并有针对性地对她的优秀性格进行培养。

向上查几代族谱,撒切尔夫人的家族都是平民百姓,和经济豪门、政治大佬什么的都没有一点儿联系。她的祖父是一个普通的修鞋匠,靠着手艺辛苦养活着一大家子人。因为家庭条件所限,她的父亲罗伯茨先生受教育也不多,但头脑灵活、性格刚毅且吃苦耐劳。凭着自己的打拼赚了一些钱,在家乡开了一间杂货铺,在他的悉心经营下慢慢做大,成为当地知名的成功商人。罗伯茨先生更为人称道的是他的热心和正义感。他对政治一直颇有兴趣,经常参加当地的政治活动,在不懈的努力下,他在不惑之年终于当上本地的市长,一时传为美谈。

撒切尔夫人小的时候,罗伯茨先生的杂货铺才开业没有几年,尚处在艰苦经营的阶段。那时他就发现女儿和自己的性格有相似之处。为了将女儿培养成优秀的人才,他有意对其进行磨炼。除了要求女儿必须博览群书外,还要在严格的家规中做事。如6岁就开始尝试做家务劳动,10岁时放学后就帮杂货铺卖东西。当其他同龄孩子在玩耍时，她却要和父亲一起进行劳动。小时候的她语言表达能力并不出众，但在父亲的鼓励下，大胆当众讲话，表达自己的思想，积极参与每一次的学生辩论和演讲活动，在受到同学的嘲笑和打击时，她从小养成的坚韧性格让她能不为所动，继续努力。终于，到了大学时，她已经成为学校中活跃的政治分子了。

可见，撒切尔夫人的成功并非偶然，她不但和父亲罗伯茨先生的性格很相似，还在父亲的帮助下，将自己的性格优势发挥得淋漓尽致，为她日后的成功奠定了坚实的基础。心理学家也曾做过这方面的研究，发现在家庭中，父母的性格对孩子性格的形成有着非常大的影响，如不善言谈的父母，其孩子在语言方面往往也较不擅长，性格开朗的父母，其孩子也甚少出现忧郁、内向等性格。因此，在生活中，父母不但要了解，还要能掌控自己的性格脾气，收敛不良之处，将优秀的方面展示给孩子，并鼓励孩子像自己一样发挥所长，弥补不足之处，逐渐影响孩子的性格形成。具体来说，在家庭中，家长可以采取以下方法影响和自己性格相似的孩子的成长。

1. 夫妻互相提醒，将自己优秀的一面展现给孩子

齐俊是一家食品企业的销售骨干，30岁了，有个5岁的可爱儿子，平常父子俩很亲昵，这让齐俊很自豪。

有一段时间，因为工作不顺利，齐俊接连被领导批评过几次，奖金也被扣了一些，这让他心里很不舒服，回到家里也会发发小脾气。后来，他的工作难题解决了，走上正轨了，但是发现儿子的脾气大了不少，一不如意，就摔东西，还口吐脏话，这让齐俊大为吃惊：儿子这是怎么了？

妻子叹了一口气，郁闷地说，"还不都是你教的！""我教的？"齐俊不解。妻子解释说，"这一个月来，你在家发了好几次火，还摔了东西，我不跟你计较，但儿子学会了你的毛病。"妻子说。

齐俊听后，不由头疼起来，这孩子学好不容易，学坏可真快啊。

家是温馨的港湾，也是一家人自由的天地，在家里，夫妻之间尤其是

丈夫，往往会更随意自在，在享受温馨的同时，常忘了在孩子面前要"有所为，有所不为"，如不说脏话，不乱发脾气，养成好的生活习惯等。毕竟几岁的孩子分辨力还很弱，在他们的眼里，父母是最亲的也是对的，在模仿父母的行为时，一些不良的习性也会学到。

2. 帮助孩子认识到自己的性格优势

几岁的孩子，往往已经展现出自己的性格"雏形"了，而他们自己对此并不清楚，只是在随性地发展着。这时，如果父母能及时介入，用孩子能理解的话鼓励孩子，会对其性格发展有较好的帮助。

如，当父母发现自己的孩子比较有耐心，能安静地玩复杂的拼图游戏时，可以鼓励地说："宝宝真厉害，这么大这么难的拼图都完成这么多了，爸爸妈妈为你自豪呢！"当发现孩子能说会道时，父母可以这么鼓励他："我们的宝宝是个很棒的演说家，爸爸妈妈爱听你的演讲，要加油哦！"

3. 给孩子一些锻炼，磨炼其性格

俗话说，"玉不雕，不成器"，无论孩子表现出了明显的性格优点还是缺点，家长都要适当安排些小的锻炼，以磨炼孩子品性。如发现孩子耐心不足时，父母可以用孩子喜欢的游戏方式进行锻炼，从简单的游戏逐渐升级到复杂的游戏，以提高其做事情的耐心。

培养孩子性格，师生因素不可忽视

刘超是小学三年级学生，是很聪明的男孩子，性格比较文静，但平常学习不太认真，成绩也一般，特别是语文成绩总是在及格线上下徘徊，后来，他看到上初中的表姐的作文经常发表在中学生报刊上，还得到了校长的奖品——一个精致的钢笔和笔记本，让他羡慕不已。

在表姐的影响下，刘超也逐渐对学习上心了，还特别好好地补习了语文。在期末考试前，他又进行了认真的复习，当考试成绩公布后，他的成绩都有所进步，比较突出的是语文成绩，一下子考到了 90 分，这可是他上学以来最好的成绩了！放学后，刘超兴冲冲地奔回家，把这个好消息告诉了爸妈，全家人都很高兴，还好好庆贺了一下。

但是，第二天放学回来后，刘超一到家就哇哇大哭，原来，下午语文老师在上课时当众表示不相信他的成绩会考那么好，认为他是作弊得来的，还批评了他几句，让刘超委屈至极。

在爸妈的安慰下，刘超渐渐不再伤心了。

第二天上午，刘超的妈妈来到学校，找到语文老师，询问昨天发生的事情。而这位年轻的女老师则坚持认为刘超的成绩很可疑，还建议刘超妈好好管教一下孩子，敷衍了几句，语文老师就借口有事匆匆走了。

无奈，刘超妈回家后，和丈夫商量下，决定边安慰刘超边换个时间再和语文老师谈谈，看看她是不是对刘超有些偏见。

没过多久，还没有来得及第二次见面，语文老师就被学校调走了，给刘超的班换了位有 20 年教龄的男语文老师。这位老师经验丰富，教课时认真负责，并且对学生一视同仁，还很风趣幽默，深得学生的喜欢。在老师的亲自指点下，几个月后，刘超不但语文成绩提高得更快，还在校报上发表了一篇作文，也获得了一个小笔记本的奖品，这让他非常激动，学习的劲头也更足了。更让刘超爸妈意想不到的惊喜是，自从这位新语文老师到来后，刘超比以前更爱说笑了，性格也开朗活泼了许多，还懂得照顾爸妈了。

故事中刘超的遭遇并不是特例，在实际生活中，我们经常看到老师对孩子的关心、批评或惩罚。这些对他们的心理都有着不可忽视的影响，即老师的个性和行为方式会影响到孩子心理健康和学习成绩。毕竟，孩子的年龄较小，正处于身心成长的阶段，很容易受到他们心目中比较"权威"的老师的影响。

因此，作为家长，除了要在家中为孩子创造一个良好的生活环境外，还要关注孩子在学校的情况，及时和老师沟通，共同促进孩子的健康成长。另外，家长还要关注孩子的同学"小圈子"，了解这个小的社会群体对孩子的影响。具体来说，家长可采取以下两种方法和孩子的老师、同学保持良好的沟通，促进孩子良好品性的形成。

1. 定时和老师沟通，尽量深入交流

在学校里，一位老师往往要教几十甚至上百名学生，教学工作也比较繁忙，而每个学生的成绩、性格、行为方式都不一样，希望老师能一对一地指导孩子的成长，往往不太现实，而坐等老师的家访，时间间隔则比较长，不利于家长及时了解孩子的情况。

因此，家长应主动和孩子的老师沟通，多进行交流，既能让老师对自己的孩子有更深入的了解，也是家长对老师性格思想的一个了解，在教育孩子上，更有利于双方的协调一致。

如果家长有条件的话，最好和孩子的每一位老师都能及时沟通，以更全面掌握孩子的学习、思想状况。

2. 热情对待孩子的同学，和这些同学的家长交朋友

家长往往有这样的感觉：随着孩子的长大，自己说什么话孩子听不进去，但是换成他同学好友说的话，孩子一准频频点头认可。这很让做家长的郁闷。其实这是正常现象，我们小的时候，也是这样过来的。

可见，孩子的同学、朋友对孩子的影响力多么的大，所谓"近朱者赤，近墨者黑"，孩子和什么样的同学相处久了，在性格行为上就会受到他们的影响。为了了解孩子的交友状况，家长还是很有必要多接触孩子的"圈子"的。比如多欢迎孩子的朋友来家里玩，和他们多聊聊，如果能和这些朋友的家长相识并经常交流的话，通过了解家长进而对这些学生的品性会认识得更深些。

让孩子少看电视、少上网,远离负面影响

健健上小学二年级了,他是个很乖巧的男孩,平常一放学就回家写作业、看电视,从不和同学在外面玩,也不惹是生非,这让他的爸爸妈妈很是安心。健健的爸妈是上班族,他们的工作都很忙,很少有时间照顾他。自从健健断奶后,他的爸妈就把日常带孩子的任务交给了双方的老人,爷爷奶奶和姥爷姥姥轮流照顾他。

从两三岁起,健健就很喜欢看电视,无论是动画片、广告、电视剧还是娱乐节目,也不管看懂看不懂,他都能看得津津有味。而且,在和家人说话时,他还能头头是道地说上一会儿,并不时地来两句影视剧对白或广告"名言"。这让大人们感到很是惊奇,认为自己的孩子从电视里真是学了不少知识。

自从健健上小学后,他爱看电视的习惯依然没有改变,只是不太爱说话了,成绩也是班里的上中等,让父母很是满意,也就没有过多地注意他这个问题了。到健健上二年级时,他比以前更加沉默了,也更不爱和同学交往了,总是自己上学、放学,也从不参加集体活动,看起来一个人挺潇洒的,但父母总觉得有些不对劲。直到学校老师给健健妈打电话时,他们夫妇才知道,孩子在学校是相当的孤僻,不合群,而且很腼腆。这下子,他们着急了,孩子这么小就如此孤僻,以后可怎么在社会上与人相处呢?

像健健这样喜欢看电视,但不爱与人交往,甚至有些有些抗拒团体活动的孩子,是典型的"电视孤独症"。他们虽然从电视中获得了很多知识,但是和现实环境脱节,久而久之,他们的性格就会变得更加孤僻甚至古怪。可见,不加限制地看电视对孩子的身心成长是很不利的。除了电视,网上游戏对孩子的吸引力也很大,如果家长不善加引导,孩子更容易沉迷于游戏世界中,一旦产生"网瘾",解决起来更加棘手。

对家长来说,"电视孤独症"和"网瘾"是孩子成长道路上的"拦路虎",怎么应对确实是一件让人头疼的事情,但更让他们担心的是,孩子的心智尚未成熟,对事物的分辨力较低,只是凭着自己的喜好接受各种媒介传递的信息,而很多暴力、色情、迷信等信息往往混杂其中,孩子接触得多了,就可能产生错误的世界观和人生观,乃至出现不良的行为。

那么,家长应该怎么做才能让孩子免受不良媒介信息的影响呢?对此问题,儿童教育家提出了以下几点家教建议,供家长参考。

1. 控制看电视和玩电脑游戏的时间

美国纽约大学的心理学家罗宾教授做了一项细致的研究,以探寻孩子看电视、玩电脑游戏的时间和其性格变化之间的关系。他们从纽约的多家小学里共找了 300 名喜欢看电视和玩电脑游戏的学生,把他们平均分为两个队,第一队是原有的娱乐时间不变,和以前一样看电视玩游戏,而第二队则不同,罗宾教授将他们每天的娱乐时间减为半个小时,并每周上两次关于看电视和玩电脑游戏的课程,以帮助他们正确认识这些娱乐活动对自己的不利影响。三个月后,罗宾教授发现,第二队的学生遇事时不像以前那样暴躁冲动了,半年后,这些学生大都不再喜欢斗殴了。而第一队的学生还是和以前一样,经常惹麻烦,喜欢暴力解决问题。

罗宾教授的研究证明,孩子的不良性格是可以"修正"的,哪怕只是减少他们接触电视、电脑游戏的时间,坚持下去也会有不错的收效。因此,家长可以根据自己孩子的具体情况,拟定一个合适的娱乐时间表,让孩子逐渐减少和不良信息的接触时间和频率。

2. 和孩子一起看、一起玩

在孩子看电视、玩电脑游戏时,家长也不必常常在一边呵斥孩子,那样做的效果其实并不好,甚至还会引起孩子的逆反心理。家长不如放下手头的活计,和孩子一起娱乐,尽情地投入其中,边欣赏电视(或玩游戏)边和孩子点评这些内容,在交流中增进互信,教孩子分别哪些信息、游戏是对自己有益的,哪些是有害的,并评析它们的益处和害处的根源又是什么,让孩子在交流中产生正确的认识。

3. 给孩子找到替代的娱乐方式

让孩子远离电视、远离电脑,家长仅靠限制时间和指出它们的危害还是不够的,更有效的方法是,在减少这些原有的不良娱乐时间的同时,再给孩子找到其他的娱乐方式,吸引孩子的注意力,让孩子能"移情别恋"。如,有的孩子喜欢安静,可以鼓励孩子多看书,各种儿童文学、少儿杂志等都是不错的选择;还有的孩子喜欢带有暴力的动画片、影视剧和电脑游戏,家长可以顺势引导,让孩子参加武术培训班、足球队等,在锻炼身体的同时,能切身体会到影视剧和游戏中的打斗和现实根本就是两回事,更不能照搬里面的解决方法。

播种一种习惯,收获一种性格

"爷爷,我放学回来了!"

一边叫着,于小果一边进了家门,他今年 7 岁了,不但聪明而且活泼好动,是班里的活跃分子,也是家里的开心果,无论是爸爸妈妈还是爷爷奶奶,都非常疼爱他。

"好孙子,来,告诉爷爷今天学校里有什么新鲜事儿?"爷爷边给他拿水果边问他。

看到小果直接伸手拿水果时,爷爷把盘子一收,笑道:"去,先洗手,好吃的爷爷都给你留着呢,别着急。"

"嘿嘿,不干不净吃了没病。"说着,小果扔下书包,跑到洗手间,随便冲洗了几下擦擦就出来了。

他大咧咧地往沙发上一躺,踢掉鞋子,伸手就从爷爷递过来的盘子里拿了串葡萄,边吃边开始讲起学校里的"趣闻"来,一时间,爷儿俩谈得忘我起来。都聊完了,小果一站起来,才发现自己的白运动衣上沾了几滴葡萄汁,随便擦擦就算完事了。

晚上10点30分,在妈妈的督促下,他的家庭作业才做完,然后准备洗漱休息了。这时,妈妈把他的作业拿起来翻了翻,一页没看完眉头就皱起来了。

她叫来小果,问道:"小果,这道数学题的答案不对啊,你再看看!"

"是吗?我再算算啊。"说着小果拿过纸笔开始演算起来,"呀,是中间的一步算错了,我把数字1看成7了,嘿嘿!"

"唉,你这马虎鬼,写作业不能认真些吗?"妈妈无奈地摇摇头,她这儿子什么都好,就是做事大大咧咧、马马虎虎、屡教不改,让她真是头疼不已,真是担心孩子以后在中考、高考时也出这样的"娄子",那可就影响他的一生了。

小果妈的担心是很有道理的,如果孩子从小就马虎惯了,养成习惯后,长大以后做事情也会应付了事,不会多么认真,这对孩子来说,不是一件好事。这样的性格看似"潇洒"、不拘小节,实则会导致孩子在很多事情上的失败。

这就是我们常说的"播种一种习惯,收获一种性格,播种一种性格,收获一种命运"了。其实,不但马虎的习惯是小孩子们常有的"毛病",还有很多不良习惯,也会对他们的性格养成起到负面的作用。与之相对的,如果家长能帮助孩子从小就养成良好的行为习惯,不但有利于其优良性格的形成,还能对孩子的人生起到积极的促进作用。具体来说,父母可考虑从以下方面入手,帮助孩子养成良好的习惯,然后以习惯促进性格的发展。

1. 让孩子养成良好的生活习惯

对孩子来说,生活是他们接触世界、体验自己人生的第一步,这一步迈得好坏,直接影响其以后的人生路,而且,生活习惯还和孩子的健康密切相关，这都需要家长能多一些关注。孩子在日常生活中需要养成的良好习惯主要有规律休息、科学饮食、讲卫生这三个方面。这些看起来简单，其实做起来内容也不少。比如规律休息就要求孩子能按时睡觉、起床，不赖被窝，不讲条件；而科学饮食就要求孩子按时吃饭，不挑食不偏食，并且饮食有节制；讲卫生主要是勤洗手、洗澡，对身边的物品也要讲卫生，不随地吐痰扔垃圾，及时清除家里的垃圾废物等。

2. 教孩子养成讲礼貌的好习惯

"张阿姨，早上好！"

"刘爷爷下午好！"

"谢谢妈妈！"

这些礼貌用语看似很普通，也很好教会，但是要想让孩子真正记到心里，并形成自己的习惯，还是需要父母费一番工夫的。毕竟孩子在小的时候，这些都是在父母的教导下机械式的模仿背记下来的，并没有真正理解"礼貌"的真正含义是对人的尊重，也是对自己的尊重，更是文明的体现。因此在孩子的成长过程中，家长要经常对孩子进行引导，并和孩子讨论一些反面的例子，如骂人的脏话、言语粗鲁、不知礼节等不礼貌行为的害处，让孩子能主动拒绝这些不良习惯的侵扰。

3. 帮助孩子养成正确的思维习惯

乍一看，帮孩子养成正确的思维习惯，是比较难的问题，是不是应该在孩子高中之后再教呢？不少家长都有这样的疑惑。其实不然，思维习惯，看起来很深奥，但是在生活中，它无处不在，无时不在影响着孩子的认知、能力的发展。良好的思维习惯更有助于孩子思考和判断，对其良性性格的形成有着很大的促进作用。

家长在和六七岁的孩子聊天时，教孩子最基本的看问题的角度和对错辨别能力，就是对其思维的指点，如勤于观察善于动脑，站在别人的角度看同一件事的"换位思考"，自己不喜欢做的事情也不要强迫别人做等。

第四章

独立性决定孩子将来的社会角色

阳光未来丛书
培养孩子好性格赢在起跑线

YANGGUANG WEILAI CONGSHU
PEIYANG HAIZI HAOXINGGE YINGZI QIPAOXIAN

父母应避免对孩子保护过度

飞飞是个9岁的男孩，本来应该是活跃、淘气的年龄，但他却十分的胆怯、害羞，不敢和同学们打闹，也不和老师讲话，一见到比他强壮的同学就害怕。

班主任对此十分担心，就抽了个周末，去飞飞家做家访，希望学校和家庭共同努力，让飞飞的性格活泼起来。

"飞飞在家里也这样吗？"班主任见到飞飞的妈妈后问道。

妈妈也很担忧，点点头说道："唉，一点都不像男孩子，我们也发愁，想知道是怎么一回事呢。"

"除了这点，飞飞在学校都挺正常的，看来，这可能就是飞飞的性格啊。每个人的性格都不同，有的内向，有的外向，飞飞可能就是比较内向的类型吧。"见飞飞妈也不太清楚原因，班主任就没再继续深谈下去，担心对方觉得自己无礼。

飞飞妈叹一口气，附和道："可能吧。"

谈到这里，班主任觉得没有必要再坐下去了，于是想起身告辞。而这个时候，飞飞妈突然惊跳起来，"飞飞，快下来，小心摔倒了。"

班主任抬头一看，原来是飞飞搬了个小板凳想要拿柜子上的东西。班主任不由得皱起了眉头，看看那板凳，也只20厘米左右，而且还很结实的，再怎么着，也不会把飞飞摔倒吧。

更吃惊的还在后头，飞飞妈帮飞飞从柜子上取下他要的东西后，竟然给飞飞爸打电话，说道："老公，你回来的时候去家具商场看看有没有低点的柜子，飞飞刚才想从柜子上拿东西，差点摔倒。"

班主任心里一惊，这……完全是保护过度了吧。

在生活中，有的父母就有过度保护孩子的倾向，这不仅使孩子产生强烈的依赖感，还会让他对外界的适应能力下降，遇到困难时也会变得束手无策，只等父母前来"解救"。久而久之，孩子就会变得懦弱、害羞，不会主动与他人交往，形成一种恐惧他人的心理，自强自立更无从说起了。那么，为了孩子的健康成长，父母应该如何去掉"保护罩"，让孩子变得自立起来呢？

1. 不要把孩子关在"温室"里

有些父母担心孩子在自己没看见的地方受到伤害，把孩子当成温室里娇贵的花朵，寸步不离地呵护着。甚至孩子参加一些社交、社团活动时，父母也要跟着一起去。

这种过度的保护严重影响了孩子的交际活动，导致他们不会处理复杂的人际关系、不愿与社会接触，只想把自己关在自己的世界里或黏在父母身边，就像是父母的宠物一样。可是，父母们就真的愿意把孩子变成一只"宠物"吗？当然不是了，那就把"温室"的大门打开，让孩子去看看外面的世界吧。

2. 让孩子早早学会自己的事情自己做

"韵韵，把你昨天换下来的脏衣服拿过来，咱们去洗衣服了。"妈妈对房间里正在玩的 11 岁女儿说道。

韵韵一听，高兴地放下手里的玩具，把自己的脏衣服一件件从衣篓里拿出来放在洗衣盆里，兴冲冲地跑到妈妈身边，炫耀地说道："妈妈，看，今天我要把这些全洗完。"

"韵韵真能干！"韵韵妈一手抱着洗衣盆，一手向她竖起大拇指，毫不吝啬夸奖。

正好邻居这时候来韵韵家借东西，见韵韵妈竟然让这么小的孩子自己洗衣服，担心地说："韵韵妈，别累坏了孩子，还小呢，再过几年干活也不晚。"语气里仿佛是韵韵妈在虐待孩子一样。

韵韵妈笑笑，说道："现在是夏天，衣服都单薄，这活儿累不着她。"

"你是大人,当然累不着,孩子还小呢。"

"不小了,都11岁了。"韵韵不服气地嚷道。

韵韵妈点点头,冲着小小笑道:"就是嘛,我们是大孩子了。"

然后再扭过头对邻居说:"咱们大人对孩子不能保护过度,她自己的事情,还是尽早让她学会才对。要不然,以后长大了,她养成懒习惯了,连洗衣做饭都不会,那不是让别人取笑吗。"

邻居不好意思地笑了笑,说:"韵韵妈就是会教育孩子,回头我也让我家臭小子多干点活去。"

父母保护孩子是一种天性,但教给孩子生存的技能也是一种责任。所以,在呵护孩子的同时,也应该从身边的小事开始,让他们自己去处理,逐渐自立自强起来,这样日后才能成为人生中的胜利者。

让孩子拥有主见

儿子迪迪马上要开学了,妈妈带着他去超市选购新的学习用品。来到包具区的时候,妈妈说:"迪迪,来看看书包,你那个不是破了吗,咱们选个新的,喜欢什么样的?"

"嗯……"迪迪跑过去,左看看,右看看,拿起这个思考半天,又拿起那个想了很久,还是拿不定主意要哪个。

"妈妈,你帮我挑吧。"

"都不喜欢?"

"我不知道选哪个。"迪迪很苦恼地说道。

"喜欢哪个就选哪个啊。"妈妈向前推了推他,可他还是摇摇头,一个劲往妈妈身上退,"妈妈,还是你帮我挑吧。"

"哎,那就选这个天蓝色的吧,有蓝天白云,看着心情就不错。"

"嗯,好。"迪迪拿着妈妈挑好的书包,很平静地接了过来,既不欢喜，也没表现出不快来，妈妈很无奈地叹了口气。

第二天一早，妈妈早就做好了早饭，可迪迪还没出房间里走出来，妈妈看看时间，朝他的房间喊："迪迪，时间到了，要迟到了哦。"

"我……我马上就好。"

可几分钟又过去了，他还没出来，妈妈忍不住推门进去，见他正盯着两条裤子发愁。

"怎么了？"妈妈问。

迪迪抬头，十分苦恼地问道："妈妈，我该穿哪条裤子？"

"这有什么发愁的，随便哪条都行啊，喜欢哪条穿哪条。"

"我……不知道……"迪迪慢慢低下了头，妈妈顿时语塞。这孩子太没主见了，自己喜欢什么都不知道。

孩子在成长的过程中，都会慢慢感受到自己的"权利"——选择权，也会有利用这一"权利"的想法，但父母往往会在无意中压制孩子自己选择自己做主的要求，时间一长，孩子的自主性就会下降，对能作出决定的事情也会犹犹豫豫不敢做主。那么，父母该如何让孩子拥有自己的主见呢？我们一起来看看下面的方法。

1. 把决定权交还给孩子

当孩子提出某种想法，想自己做些事情时，只要父母认为在合理范围内的，最好给予支持，让孩子放手去做。当孩子面对抉择的难题时，父母可以在一旁给予暗示或指导，但要让孩子自己拿主意，根据自己内心的想法去作决定。如果孩子实在拿不定主意到底该怎么办才好时，父母可以提出一些合理的建议，让孩子参考，如果孩子觉得有理，就会照着做；如果孩子觉得和自己想象中有偏差，就会提出反对意见。但不管是哪种结果，孩子都会体会到"拥有选择权"的快乐，慢慢地就会变得有主见起来。

2. 给孩子自主权，但要有规矩

肖太太最近很疲惫，不为别的，就因为儿子太闹人，孩子已经7岁了，还每天要听她讲过故事后再睡。更让他头疼的是，孩子以前是没有主见，连自己想听什么故事都不知道，后来，在自己的引导下，他体会到了自己做主的快乐，结果要求多了起来，不但睡前要听哪个故事他说了算，讲故事的时候肖太太是坐着还是躺着还是站着，都得他做主，还不能不满足他的要求，否则就不睡觉，来回折腾人。

"妈妈，到了10点时我想听睡美人的故事。"晚上，儿子早早地就爬上了床，等着妈妈来讲故事。

妈妈做好睡前准备后，准时来到了儿子的房间，拿出睡美人的故事书，开始讲起来。

可才刚讲了一会儿，儿子就不高兴了，"妈妈，你怎么不伤心呢，睡美人那么可怜，我们应该替他难过。"

"好吧，妈妈很难过，可怜的睡美人。"肖太太配合着儿子的话，露出一副悲伤的表情，儿子这才满意了，示意肖太太继续讲下去。

半个多小时后，肖太太终于在儿子一个又一个"建议"下，把睡美人的故事讲完了，她掖掖儿子的被角，说道："晚安，儿子。"

"妈妈也晚安。"

但等肖太太走到房门口的时候，儿子突然坐起来，对肖太太说："妈妈，你唱首歌再走吧。"

"不行，你要睡了。"

"就一首，好不好。"

"唉！"看着儿子期盼的眼神，肖太太不忍拒绝，只好点头答应了下来。"好吧，就唱首摇篮曲吧，唱完了你一定要乖乖睡觉，听到没。"

"嗯！"儿子很痛快地答应了下来，但当肖太太唱完歌后，儿子又提出一个要求，这样反反复复，总是会拖到很晚才能入睡。

肖太太为此感到痛苦，但又不知道怎么纠正孩子这一行为。

肖太太的苦恼是儿子太有主见了，不仅为自己制订好了这样或那样的计划，还要求父母也必须配合他的计划，这就让父母有些吃不消了。这种情况下，父母该怎么办呢？

首先,应该树立起父母的权威。要让孩子知道,自己想做什么,父母给孩子这个自由,但仅仅体现在孩子自己身上,如果将这种"权利"乱用,就错了,需要改正。其次,要求孩子要信守自己的承诺,答应了唱个歌睡觉,唱完歌后,就得马上睡觉,否则就会受到相应的惩罚。

跌倒了,让孩子自己站起来

妈妈带6岁的儿子可可去公园玩,天刚下过雨,路有点滑,妈妈叮嘱道:"儿子,别乱跑,小心滑倒!"

"我知道了,妈妈。"可可虽然点头答应了下来,但还是不顾妈妈的阻拦,一会儿跑到前面看看,一会儿又跑去后面拔草,总之是不让妈妈省心。

跑着跑着,可可一个不留神一脚踩进了一洼水坑里,脚下一滑,摔倒在地上,溅了一身的泥水,哇哇大哭起来。

"儿子!"妈妈赶紧跑过去,把宝贝儿子从地上抱了起来,搂在怀里心疼地哄劝道:"宝贝不哭,摔到哪了?妈妈给你吹吹。"

儿子哭得说不出话来,只是慢慢把手掌伸了出来,妈妈一看,红了一块,可能是擦伤了,心疼的赶紧给他吹吹。

"都是这破地不好,来,咱们一起来踹它。"说着,妈妈嗵嗵跺了两下脚,用力地踩在地面上。可可这才破涕为笑,从妈妈的怀里挣脱出来,跳到地上也用力的踩了两脚。

我们常说,"天将降大任于斯人也,必先苦其心志,劳其筋骨,饿其体肤……"可见,人不吃苦,是干不成大事的。马克思也曾说过:"人要学会走路,也得学会摔跤,而且只有经过摔跤,他才能学会走路。"可见,摔得起跤的孩子,才能真正学会走路。

但是在孩子的成长道路上,经常有父母阻碍孩子学习"走路"。见孩子一摔倒，就赶紧冲上去扶起来，不给他们自己站起来的机会。因此，专家建议，在孩子摔倒时，父母应鼓励他自己站起来，具体来说，有以下两个方法供参考。

1. 让孩子接受"自己跌倒自己爬起"的思想

如何培养孩子"跌倒了自己爬起来"的意识呢？生活中，父母可以多给孩子讲这类的坚强的故事，或者拿身边的事例教育孩子，让孩子明白不怕摔跟头，不怕痛苦是件光荣的事情。当孩子从内心接受这种思想时，再面对这类问题时，就不会再有畏难情绪了，更也不会把这当成多大的难事了。这样的孩子会更坚强，当他们长大成人步入社会后，更会拼出一片属于自己的灿烂天空。

2. 当孩子跌倒时，鼓励孩子自己站起来

爸爸妈妈因为工作原因，有一段时间不能照顾4岁的儿子亮亮，没办法，只好把亮亮的奶奶接到家里，帮忙照看着他。

不过没几天，妈妈就发现，奶奶特别心疼孙子，见亮亮磕了碰了就赶紧跑过去把亮亮抱进怀里，不是哄就是逗，直到亮亮重新展露笑容。

这天，奶奶带亮亮出去遛弯，在小区里不小心摔了一跤，奶奶赶紧跑过去要扶。正巧这时候妈妈下班回家，看见后对奶奶说："妈，不要扶他，让他自己爬起来。"

奶奶心疼，说："这怎么能行呢，孩子还小，摔坏了怎么办。"

"男孩子磕一下没事的，亮亮，自己起来。"妈妈冲还趴在地上的亮亮说道。

谁知亮亮却瘪瘪嘴，趴在地上哇的一声哭起来了，这可急坏了奶奶，伸手又要扶，妈妈拦住了奶奶。

"妈，这是在教育孩子，为孩子好，要是以后我们不在孩子身边，孩子再摔倒了怎么办？趴在地上直到有人把他扶起来？那他长大了怎么办？我们扶不动孩子的时候怎么办？"

"你说的不是没有道理，但……"

"妈，听我一回吧。"

"好好，就听你的。"

"谢谢妈！"做完了奶奶的工作，妈妈开始做亮亮的工作，蹲下身看着他说道："乖儿子，你不是经常说要做个男子汉吗？那就自己站起来，这才是真正的男子汉应该做的事情哦。"

这样又讲了一会儿，妈妈便不再说话，拉着奶奶的手往后退了两步，就这样看着哭闹个不停的儿子，坚决不上前扶他。

亮亮哭了一会儿发现真没人来扶他，便觉得无聊了，用手背抹抹泪，自己从地上爬起来，委屈地走到了妈妈身边，妈妈称赞道："真是个男子汉，以后摔倒了，也要自己爬起来哦。"

"嗯，知道了，妈妈。"亮亮又抹了抹眼角的泪花，扬起头，笑了。

事实上，每一个孩子在摔倒后，都有站起来的能力，只看父母有没有给孩子发挥这一能力的机会了。对于父母来说，更需要注意的是要能像亮仔妈一样，能忍住疼惜儿子的心情，对孩子的磕磕碰碰表现出淡然的神色，鼓励孩子依靠自己的力量站起来。

放养孩子，培养孩子独立的性格

今天是周末，一大早晓晓就和同学出去玩了。自从晓晓出去后，妈妈就坐立不安，一会儿趴到窗台上看看楼下有没有晓晓的身影，一会儿又走到电话机旁犹豫要不要给孩子打个电话问声平安。

直到家里的电话铃响起，一接是晓晓打来报平安的，妈妈才放下心来，松了口气安心地坐到了沙发上。

"都和你说了不会有事的，都12岁的人了，早独立了。"看报纸的爸爸抖抖报纸抬头看向墙上的钟表，说道："哟，都11点了，该做饭了。"

"饭！哎呀，刚才忘了问孩子午饭怎么解决，我说要给孩子煮几个鸡蛋，孩子非不要，在外面吃坏肚子怎么办？会不会干脆就不吃了，饿着肚子要受罪的，还是……"

"孩儿他妈，你就别担心了，孩子还能让自己饿着？"爸爸听不下去了，打断她一本正经地说道："不是还有好几个同学嘛，只是出去玩一天，有什么好担心的。"

"你就一点不担心？晓晓可是你亲闺女。"妈妈被他说得心里有点难受，自己的女儿，自己担心一下怎么了？

"我不是不让你担心，只是别太过分，现在孩子也长大了，咱们该放手，还是放手吧，这叫放养教育。"

对爸爸的话，妈妈一点也不赞同，反而生了一肚子气，中午饭都没吃好。

放养，何谓放养？就是把孩子送到更大、更宽的环境中发展，不再把孩子"关"在家庭、学校里，让孩子多接触外面的世界，给孩子充分的自主行动权，让孩子在"放养"中，学习为人处世之道，建立起自立自强的良好性格。

但是，很多父母总把孩子当成自己的宝贝，不愿意承认孩子快要长大成人了，总想把孩子捧在手里，抱在怀里，为孩子遮风挡雨。我们可以理解父母想让孩子健康、平安的苦心，但不经历风雨，孩子又怎么能茁壮成长呢？下面，我们就来看看教育专家给出的"放养"建议吧。

1. 不要让自己多余的担心困住孩子

现如今，很多父母都和故事里的小芸妈妈一样，孩子一出门就开始担心，甚至孩子独自在家，也不放心，怕孩子玩一些危险的东西，比如插座、刀具等。

其实，父母完全不必如此担心，十多岁的孩子已经有了较强的判断力和自我保护能力，什么东西有危险，什么东西是他不该接触的，孩子都已经大致了解了，那些不安全因素，孩子在父母或朋友的提醒或帮助下，大都能远离。

如果父母在担忧的心理下,经常干涉孩子的自由,或者对其进行强力的管制,反倒会让孩子感到自己受到了家长的"束缚",久而久之就会产生逆反心理,或者变得毫无主见。

所以,父母在叮嘱孩子一些需要注意的内容,以及给予适当的帮助后,就放手让孩子自己去玩耍去学习吧。

2. 交代注意事项后,鼓励孩子外出游玩

老贾的儿子今年14岁了,但性格有些软弱,独自一人在家的时候,甚至连饭都不会做,爸爸妈妈很担心儿子继续这样下去,根本不可能一个人生存下去。

这可怎么办呢?正巧,儿子的表弟这两天来家里玩,虽然比儿子小一岁,但独立、坚强,让儿子羡慕不已。

老贾见儿子十分向往健谈活跃的表弟,便问表弟:"你会做饭吗?"

"会啊。"表弟很肯定地回答,还一脸自豪地说道:"我还会钻木取火呢,不过并不是每次都能生出火来,嘿嘿。"

"真能干。"妈妈由衷地称赞着,多希望自己的儿子也能这么能干独立啊。她心里想着,便好奇地问:"你爸爸妈妈是怎么教育你的,把你教得真好。"

"这可不是他们教我的,是我和朋友们一块钻研出来的。"

"啊?怎么钻研的?"儿子终于开口了,明显兴趣十足。

"当然是和朋友们一块出去玩啊,咱们这儿玩遍了,就去外地玩,哪好玩去哪。"表弟洋洋得意地说道。

"只和朋友们一起?可你才13岁,自己出去……"

"刚开始他们也不放心,第一次爸爸和我一起出去的,他见我自己能应对不少意外情况,就放心了,再出去的时候就不怎么担心了。"表弟说得开心,又讲道:"通过出去玩,我真的学到不少本领,自己的事情也能打理了,完全不用爸妈操心,他们可高兴了,说我终于长大成人,就算独

立生活也完全不会为我担心了……"

听着这席话,老贾深有感触,不等儿子的表弟讲完,便激动地走上前去,握住他的手说道:"下次,也带你哥哥出去玩吧。"

在父母的眼中,现在的社会太危险了,孩子面临的危险似乎越来越多了。他们不敢放手让孩子离开自己的身边,去享受大自然的美。其实,家长的这种担心有些过虑了,在教给孩子如何应对各种危险后,可以逐步放手,让孩子慢慢地多接触社会,逐渐独立起来。比如旅游就是不错的放手方法,从最开始的让孩子在自家附近的社区游玩、在城市里逛逛,再到附近城市,逐步扩大范围。家长可以和孩子一起讨论游玩的体会,及时总结经验,既能教会孩子保护自己,还能让孩子零距离了解社会,体验生活。

给孩子更多选择的机会

璐璐今年12岁了,是一名初中女生,一天学校放学早,她急匆匆地赶回家,因为妈妈早上答应她,今天要教她蒸馒头。

"妈妈,我回来了!"一进家门,她就把书包扔在了沙发上,兴冲冲地跑进厨房,看见妈妈已经开始张罗案板和面团了,"妈妈,我来帮你。"

"好啊,就等你了,先去把手洗干净。"妈妈笑道。璐璐赶紧跑到洗手间,认真地把手洗干净后,重新回到厨房,问妈妈:"我该先做什么?"

"先把这些面团切成一样大小的面块,然后我们就开始揉馒头了。"

"好啊好啊,我来切……一样大小……"璐璐很认真地比对着面块的大小,直到把整个面团切好。

"要怎么揉呢?"璐璐问。

"像这样,再这样,然后这样……"妈妈示范着,直到璐璐点头后,才递给她一块面块,看她揉得起劲,微微一笑低头揉自己手里的面块了。

但不一会儿,妈妈就发觉有些不对劲,馒头应该不是方就是圆的,怎么旁边还有那么多说不出形状来的"馒头"呢？

"璐璐，你怎么揉成这种形状了？"

"好看啊，你看，这是只老鼠，这是头猪，今天晚上我就吃它们了，嘿嘿……"

"这不行，揉回去重新来，只能是方的或圆的。"

"不要嘛，这样的好吃。"

"都一个味儿，快点，揉回去。"妈妈命令道。

没办法，璐璐只好把刚才的"杰作"全毁了，重新按照妈妈的示范，揉成了圆圆的毫无胃口的馒头。

在璐璐看来，她的行为明明是一项"创新"，想要吃得开心点，但妈妈却不同意，一定要让她改过来。在孩子眼中，这是有些"不通情理"的管教，既束缚住了孩子的手脚，还约束了他的发散性思维的培养。

其实，父母完全可以给孩子多一些的选择机会，让孩子自己作决定并不是父母失职和推卸责任，而是让孩子在作选择的过程中，培养自主意识和独立性格，这对孩子成长为自强自立的人很有帮助。

1. 多给孩子一些尊重

父母不要觉得孩子还小，就不必尊重他的想法。其实，尊重是相互的，孩子尊重了你，你也要尊重孩子，这是帮助孩子建立起自信心的第一步。试想一下，如果连父母都不能认可并尊重孩子的想法，孩子还能期望得到谁的信任和支持呢。

2. 让孩子在多个选项中自由选择

最近上映了一部新电影，妈妈觉得挺有教育意义的，就想拉着儿子一块去看。

可中午刚出门，儿子突然说："妈妈，我不想看电影。"

"为什么，妈妈已经把票都买好了，你早说的话，咱们就可以商量商量到底看不看了。"妈妈很可惜地甩甩手里的票。

儿子也知道这样很不应该,但他现在有更想去的地方,刚才路过一家台球厅,他想去那里打台球,但这种理由说出来,会不会惹妈妈生气呢?儿子有些拿不定主意。

妈妈见他犹豫不决的样子,便知道定有隐情,就问:"你是不是有想做的事情?可不可以和妈妈说说?"

"嗯……"儿子点点头,然后头悄悄向后扭了扭,小声说道:"台球……想打台球。"

"这样啊。"妈妈抬手看了看时间,离电影开始还有一个多小时,也不是不能让儿子去,不过自己孤零零的要怎么办呢?突然,她想到一个好主意,就说:"儿子,我有几个提议,你看选哪个。"

"妈妈你说说看。"

"第一,妈妈现在就陪你去打台球,但只能一个小时,然后和妈妈一块去看电影;第二,先和妈妈一块去看电影,然后你再去打台球,时间可以长一点。你选哪个。"

"当然是第二个!妈妈,我们先去看电影吧。"儿子听到今天可以玩台球,还有可能时间挺长,马上来了精神,拉着妈妈的手朝电影院走去。

可见,只要目的一样,出发点是好的,做父母的何不让孩子对自己的行为进行选择呢?当然,父母应事先告诉孩子,一旦作出了选择,就要对此负责,这还是培养孩子责任感的好方法。

父母的赏识让孩子更自信

玲子是一名初一女生,妈妈下午一出门,她就坐立不安地开始在房间里打转。原来,今天是学校开家长会的日子,她不敢想象妈妈回来后会是一副什么表情。

虽然她这次考试成绩还不错,但和上学期相比,掉了几个名次,妈妈知道后，一定会不满意的。

果然，晚上8点左右，妈妈回来后，一进家门就板着一张脸把玲子叫到了客厅，抖着手里的试卷问："怎么回事？这么简单的题你都不会了？"

"不是……"玲子委屈地低下头，考试前一天她复习得太晚，第二天头晕晕的，就填错了几个答案。但她知道妈妈绝对不会接受这样的理由，动动嘴，还是没说出来。

"不是什么？"妈妈啪的一声把试卷扔在桌子上，批评道："你看人家小妤，每次都是年级第一名，嘴又甜，能力又强，你怎么就不能向人家学学呢？"

"又来了……"玲子小声嘀咕道。每次都是这样，不管她考得好不好，妈妈总是把小妤搬出来，把自己和她比较一番。

"你说什么？"

"我说，能不能不要总拿我和别人比？再不好，你的女儿也是我，有本事你让小妤当你女儿去！"玲子干脆大声地喊了起来。

"你这孩子，还学会犟嘴了！"妈妈生气地扬起手，似乎是想打她，犹豫了一下，终是舍不得下手。

孩子在成长中，无论是学习还是生活，出点差错是很正常的，但是有些父母因对孩子抱有较高的期望，而认为孩子可以做得更好，也必须做到最好，一旦孩子无法达到要求，父母就会对孩子进行批评"教育"。殊不知，这时候孩子内心其实也是惶恐不安的，父母的"教育"并没有得到他们的认可，甚至会引来他们的抗拒。那么，父母应如何对待完不成任务的孩子呢？

1. 不拿孩子作比较

有些父母经常有这样的感触："我们的孩子又不比别的孩子少什么零件，怎么就总不如人呢？你看谁谁谁家的孩子，比我们孩子还小呢，怎么就那么聪明，那么……"

反正父母的意思就是，别人行，为什么偏偏我的孩子做不到呢？因此经常在孩子面前谈起某个比较对象，让孩子在无形中也开始和外界作起比较来，当他们发觉，自己可能真的不如别人的时候，自尊和自信就会受到严重打击。

所以，为了孩子身心的健康成长，父母不要总拿他人和自己的孩子比较，龙生九子，还各不相同呢，每个人都有自己的特长和能力，你的孩子或许也身秉异能呢。

2. 一句话、一个眼神就能激励孩子

小姗是一名四年级的小学生，是个活泼可爱的漂亮女生，唯有一点，让父母总是替她担心，那就是她的记忆力比同龄孩子差一些，像背诵课文什么的，每次都是提醒半天，才勉强背下来。

"你说怎么才能提高小姗的记忆力呢？"这天，小姗妈妈的大学同学来家里做客，听同学说她家儿子很聪明，什么东西都是一学就会，就想向她取取教育经。

"多肯定孩子的作为，让她变得自信起来。"同学回答道。

"就这么简单？"

"就这么简单！"同学点点头，然后问她："你平时是怎么教育小姗的？"

"让她下次努力啊，总不能因为她背不出来就训她吧。"妈妈很无奈地回答道。

同学嘿嘿一笑，说道："我一猜就是你的问题。"

"我做错了？"

"当然错了。"同学很肯定地说道："孩子记忆力差，其实有时候也是自信心不足的表现。因为父母总是皱着眉头看她，就像是她又记错了一样，在这种情况下，谁还有自信觉得自己记忆中的东西是对的？"

"那该怎么办？"

"多肯定孩子的行为。比如，背诵课文的时候，不要说她哪里错了，而是称赞她哪里做得好。"

"你的意思我明白了……"妈妈点点头。

改变教育方法后,妈妈发现小姗的记性确实逐渐提高了,三个月后,她已经不再为孩子背课文而烦恼了。

孩子在成长中需要来自长辈的赏识,即父母的鼓励和肯定。一旦得到父母的肯定,孩子的内心就会充满喜悦,期望自己有更好的表现以得到更多的赞赏。而且,对于孩子来说,他们并不需要父母给予多重的奖励,往往一个赞扬的眼神,一个亲昵动作,一句肯定的话都能让孩子高兴半天,起到明显的激励作用。

批评孩子要讲技巧

姣姣是个有些自卑的9岁女孩,不管是在学校还是在家里,都觉得自己不如别人能干,总是喜欢低着头走路,别人问她话,她回答的最多的就是"我不知道""我不会",让姣姣爸妈十分头疼。

"姣姣,你怎么什么也做不成,让你把自己房间收拾一下,怎么弄了这么多水在地板上?"

"我……"姣姣低着头,想说什么却没说出来。

"真是什么也不会干,快点把衣服穿好,今天晚上咱们和爸爸一起出去吃饭。"妈妈说完,皱着眉头走出了姣姣的房间。

姣姣见妈妈出去了,赶紧从衣柜里拿出一件干净的衣服套在了身上,高兴地走出去后,却听妈妈不高兴地对她说:"你这孩子,怎么选了这件衣服?袖子都短了很大一截了,换一件去。"

姣姣低下头,很想说她最喜欢这件衣服,可话到嘴边,她又咽了回去。

故事中的姣姣因为自己的笨拙,总是受到批评,说她不会做这个,不会干那个,结果,在妈妈的批评下,姣姣连穿件自己喜欢的衣服都不敢说了。孩子做了错事，父母适当的批评是应该的，但若是因此就对孩子横加指责，或批评太多，结果只能导致孩子畏首畏尾，不敢做自己想做的事情，不敢面对遇到的人或事，渐渐产生自卑性格。

父母在批评孩子的时候，到底应该注意些什么，才能不让孩子产生自卑感呢？其实答案很简单。

1. 批评也要有技巧

爸爸带着儿子小明去游泳馆学游泳，小明到了游泳馆后怎么也不肯下水，爸爸有些生气，说道："是你吵着要学游泳的，怎么现在退缩了？快点下水。"

"我害怕……"

"怕什么，跟个女孩子似的，再不下来，爸爸就把你丢这儿不管了。"爸爸吓唬他，嘴里还不停地说道："还不如个女孩子呢。"

儿子一听这话，嘴马上就撅起来了，眼里噙着泪花，自己一个人气冲冲地换好衣服，回家去了。

从这次事情之后，不管爸爸怎么逗他、哄他，小明都爱搭不理的，做事也畏畏缩缩，似乎很没有自信。

爸爸这才意识到，自己真的伤害到儿子了，联想到以前儿子一犯错误，他就嘲笑儿子还不如女孩子，儿子的自尊心可能受到了严重的打击，他必须得为儿子做些什么。

所以，在下一个周末，爸爸又带着小明去了游泳馆，当小明又不愿意下水时，爸爸说："你平时不是总说要超过爸爸吗？你看，爸爸都敢下来，你也来试试。"

批评中饱含着激励，小亮一咬牙，扑通一声跳进了水里，爸爸哈哈大笑着接住了他。

同样是一件事情，爸爸换了种启发方式，就得到了良好的效果。可见，在生活中，父母不宜过多地批评孩子，否则会适得其反，导致孩子更加的不听话，乃至产生不良的心理效应。其次，父母在批评孩子的时候，还要适当地讲些技巧，既让孩子知道你这是在指责他的过错，还能让孩子明白你的重点是为了他以后能做得更好，而不是为了批评而批评。

2. 故意不批评孩子，让孩子自己去反思

对于孩子来说，家长的过多批评，尤其是无论大错小错，只要自己犯了就会受到的重复的批评，或善意的指责，往往会让孩子产生这样一种印象：自己大事小事都干不好，为了不受批评，干脆什么都不干了！而什么都不干又会给家长这样一种印象：这孩子什么都不敢干，也什么都干不了。

其实，孩子在成长阶段，正是在不断地尝试中逐渐成长的。很多事情不经过尝试，不碰碰壁，父母絮絮叨叨再多孩子还是不能完全理解。与其一见孩子出错家长就指责，不如"抓大放小"，对那些无关紧要的小事，即使孩子做错了，父母也不予置评，而是和蔼地告诉孩子："宝贝，你给自己做的这件事打个分吧！""孩子，你自己找找看错在哪里了，妈妈相信你很聪明的！"

让孩子体会到成就感带来的快乐

小斌正在房间里写作业的时候，突然听到外面有很大的动静，他赶紧跑出去看，原来是爸爸正猫着腰往沙发底下看。

"爸爸，你在做什么？"

"爸爸在忙，你去写作业吧。"爸爸朝他挥挥手，就又趴下来使劲的推沙发，似乎想要从沙发底拿什么东西。

"爸爸，你是要拿东西吗？"小斌问。

"嗯，钢笔掉进去了，没事，一会儿爸爸找个东西把它扫出来，你回房间写作业去吧。"

"爸爸……"小斌双手放在胸前搓着，紧张地问："爸爸，需要我帮忙吗？"

"不用，这种事情爸爸一个人做得来……"爸爸笑着拒绝了小斌的好意，却没看见小斌不甘地撅起的嘴唇。

明明我的手能伸进沙发底把钢笔拿出来的……小斌想这样说，但他觉得爸爸肯定不会让他帮忙的，就心不甘情不愿地回到了房间，继续写他的作业。

明明小斌可以轻易捡到钢笔的，可爸爸却不领情，让他的好心落了空。其实，这种事儿在很多家庭中都会发生，这是因为在父母的心里，孩子还小，什么都不会做，或者孩子做不到位只会给自己帮倒忙，因此，干脆拒绝了事。殊不知，父母拒绝的不仅仅是孩子做事的热情，还有做成事后带来的成就感。生活中本就没有什么大事，孩子正是在这看似平凡的日子里逐渐长大的。如果家长能够让孩子参与到力所能及的事情中，让他体会到做成事的的喜悦，这对他独立、自强等优良品质的形成会有极大的帮助，即用成就感促进孩子的健康成长。具体来说，有以下两种方式供家长参考。

1. 打破常规，让孩子也帮大人的忙

父母遇到难题后，兴许孩子能帮你漂亮地解决。因此，父母应该偶尔打破一下常规，不要把孩子看得那么无能，多让孩子参与到父母的活动中。这不仅能让孩子产生成就感，还能培养他们助人为乐的优良品德，使孩子更有信心和勇气面对生活中遇到的种种困难。日后在遇到困难时，他们就会想：自己连父母困惑的事情都能解决，还有什么做不到呢。

所以，父母主动邀请孩子帮自己一些小忙，既减轻了自己的负担，又培养了孩子的自信心，何乐而不为呢？

2. 偶尔为难一下孩子

"儿子，我猜你肯定不会读这个字。"这个周末，徐曼和儿子待在家里

一块看书，当看到一段文字时，徐曼心思微动，想考考儿子，便指着文字中的一个字对儿子说："来，读一下。"

"妈妈真是小瞧人。"儿子鄙夷地哼了哼鼻子，扬着头就说："这个字念'翁'，也就是老者，老爷爷的意思。"

"哎呀，我儿子不简单啊，不光会读，还懂它的意思。"妈妈夸奖道。

儿子马上自豪地又扬了扬头，很有成就感地说道："那是。我懂的东西可多了，妈妈有什么不懂的随时可以问我。"

"真的吗？"妈妈问。

儿子点点头，回答道："那当然！"

"那儿子能从柜子的缝里把那本书拿出来吗？"徐曼指着一个有着一臂粗缝隙的木柜说道："妈妈都拿不出来，儿子你肯定不行。"

儿子跑过去一看，很简单嘛，自己的手臂正好能伸进去，"怎么不行，我这就拿出来让您看看。"儿子说着，就伸出手，不一会儿就抱着一本书来到了徐曼面前，自豪地说道："妈妈，我能干吧。!"

"能干，我儿子最能干了！"徐曼抱住儿子，拍拍他的背，母子俩嘿嘿笑了起来。

家庭中，父母应多给孩子一些表现自己能力的机会，如果实在找不到机会，制造机会让孩子露一手"绝活"也不错。当孩子做到了父母认为自己做不到的事情后，成就感就会油然而生，产生一种"我能"的积极生活态度。在这种态度下，孩子的自信心将会大大提高，获得"向前冲"的动力，更愿意主动学习新的知识，并努力地运用到实践中。

当然，为了避免孩子"冲"反方向，父母在为难孩子的时候，最好设定一个理想的方向合理的约束孩子，让其健康成长。

独立生活，培养孩子的自立能力

春暖花开之际，姐妹俩带着自己的孩子相约去乡下游玩，虽然天气渐渐暖和了，但路面上偶尔还会有结冰的地方，尤其是乡下，除了路滑还很不平整，妹妹总是担心自己的儿子会滑倒受伤。但是姐姐却一点也不担心自己的女儿，任她在周围跑来跑去，偶尔还鼓励她去路边摘两朵野花。

妹妹的儿子看到小姐姐采花，也吵着要摘，妹妹没办法，只好让小姐姐带着他去路边玩，还在后面不停地叮嘱道："牵好你弟弟的手，别摔到他。"

尽管千叮万嘱，"危险"还是出现了，两个孩子没看见前面有个泥坑，脚下一空，齐齐摔倒在路边。

"儿子！"妹妹惊慌地跑过去，一把把儿子从泥坑里抱出来，不停地问："儿子，有没有受伤？摔到哪了？疼吧。"

本来儿子还没事，一听她说出疼这个字，马上哭了起来，嘴里喊着："疼……疼……"妹妹心疼地看着儿子，十分懊恼自己刚才没有制止他在路边玩的行为。

而姐姐看见女儿摔倒，却没有跑过去，仍旧站在原地，和蔼地朝她挥挥手，说道："女儿，来妈妈这里。"

女儿咧嘴一笑，从地上爬起来拍拍身上的泥土就朝她飞奔而来。

妹妹连连称奇，问姐姐："你女儿怎么这么坚强啊。"

"这两年，我都让她参加一些集体活动，比如夏令营什么的。在那里没有来自父母的疼爱，慢慢地就变得自立自强了。"

妹妹一听，看看自己怀里的哭个不停的儿子，暗想，是不是也让儿子锻炼锻炼呢？

同样是摔倒了，故事里的男孩和女孩却有不同的反应，这是怎么回事呢？答案很简单，是父母教育的结果。

姐姐经常让自己的女儿参加一些社团活动，这里没有宠溺孩子的父母，只有共同面对生活困难的伙伴们，想要解决问题，就得靠自己去想办法和行动，这样一来，孩子的动手能力和思考能力都得到了锻炼，而且通过自己的实践，获得了更多的自信，性格会变得坚强和独立。

怎么才算是让孩子独立生活了呢？除了参加夏令营等团队活动，还有没有其他简单的方法呢？当然有，而且还都十分的简单易行。

1. 让孩子住校一段时间

孩子其实天生就有坚强独立的性格，只不过在成长过程中，被有些父母抹杀了而已。所以，当孩子不能独立生活时，父母应在反省自己的教育方式的同时，为孩子创造独立生活的机会，让孩子住校就是一个不错的锻炼方式。孩子住校后，有大段时间不能和父母在一起，在同学、小伙伴的影响下，即使有不会做的事情，他也会尝试去做，而且会学得很快。

2. 让孩子看家护院

爸爸妈妈要回老家一趟，至少3天才能回来，但儿子彬彬马上就要期末考试了，不可能请假和他们一块回去，这可怎么办呢？

"爸爸妈妈，就让我自己在家里吧。"彬彬从没有过这样的经历，感觉十分的新奇，恨不得爸爸妈妈马上离开，他好"独享"这个家。

但爸爸妈妈可不这么想，彬彬从没长达几天一个人待在家里，吃的怎么办？喝的怎么办？发生意外了怎么办？各种意外、各种怎么办在爸爸妈妈的脑子里盘旋，最后坚决不同意彬彬独自在家。

"这怎么能行呢？要么你去叔叔家住，要么就让你表弟来家里陪你。二选一吧。"妈妈给了彬彬两个选择，但彬彬真的很想一个人在家里试试，他很想知道自己到底有没有独立的能力。

"妈妈，要不然这样吧。"彬彬看爸爸妈妈真的不会妥协，便想出了中和的办法。他对爸爸妈妈说道："爸爸，妈妈，你们不是出去3天吗？只让表哥来家里住两天好不好？剩下的一天，让我自己试试，保护我们的家，好不好？"

"这个……"爸爸有些犹豫，不过他想了想，觉得男孩子就应该锻炼锻炼，小区里的安保也不错，应该不会出问题的。

于是他点点头，答应了下来，不过还是叮嘱了一些需要注意的事项，又把彬彬的表哥叫来，嘱咐了一番，这才依依不舍地出了家门。

不过，3天后，当爸爸妈妈着急地赶回来时，看到家里一切安好，而且地板还被拖得亮堂堂的，都能照出人影儿了。

父母总是担心孩子离开了自己就做不成事情，但不放手，孩子永远不可能学会做事情，也永远长不大。所以，父母不妨大胆地放开孩子的手，就像故事里的父母一样，多信任一下孩子。

第五章

不溺爱，正确引导孩子的行为

阳光未来丛书
培养孩子好性格赢在起跑线

溺爱不利于孩子的性格形成

小凯是可爱的男孩，今年10岁，因为是独生子，爸妈特别疼爱他。走路怕摔着，吃饭怕噎着，父母恨不能寸步不离地守在小凯身边，保护他、爱护他。久而久之，爸妈发现小凯越来越难以管教，不仅爱顶撞家长，还很霸道，想要的东西无法得到时，就哭闹起来，直到得到想要的东西。

有一次，小凯的奶奶带着他去超市买东西，小凯在超市看到一个遥控汽车的玩具十分喜欢，就吵着要买，奶奶认为他这类玩具不少，便没同意，拉着小凯回了家，这下可不得了，小凯一直从超市闹到了家，回到家还不消停，直嚷："奶奶是坏蛋，我再也不喜欢奶奶了。""是奶奶不好，奶奶下次一定给你买，好不好？"奶奶也疼孙子，看到孙子这么委屈，又哄又劝，还拿出小凯最爱的果冻递到了小天面前。但小凯一概不领情，甩手就把果冻扔到了地上。

正巧小凯妈看到这一幕，对小凯说道："小凯，你怎么能这样对待奶奶呢？快向奶奶道歉。"

"不用，不用，小孩子淘气一点不碍事的。"奶奶可不想让宝贝孙子受委屈，连忙阻止了小凯妈的训斥，把小凯护在了身后，但小凯却突然出手用力朝奶奶推了过去，老人家一下子失去平衡，摔倒在地。

小凯妈吓得赶紧把老人家扶起来，愁眉苦脸地看看同时吓呆的小凯，心里叹气：儿子怎么变成这样了呢？

溺爱孩子的父母生怕孩子吃苦受委屈，恨不能完全代替孩子承担一切，甚至是吃饭的时候，父母也要亲手喂食。当孩子说他想做什么的时候，父母总会说："不行，你会受伤的，爸妈帮你做。"总是这样剥夺孩子锻炼独立能力的机会，不仅会使孩子自理能力差，性格也会受到不良影响。

就像故事中的小凯，因为父母的宠爱，他渐渐变得以自我为中心，认为只要是自己喜欢的东西，就能马上得到，一旦周围人无法满足他的要求，性格便会霸道、蛮横起来，甚至会做出令家长大为气愤的举动。其实，小凯的性格之所以会变成这样，和父母的溺爱有很大关系。那么，怎么才能让父母不溺爱孩子呢？

1. 有技巧地拒绝孩子的不合理要求

溺爱孩子的父母总是担心孩子得到的幸福不够多，怕孩子吃苦受累，于是孩子的一切要求，不管是否合理，父母都会尽可能地满足孩子，丝毫没有原则性。当孩子渐渐发现，自己在家里想怎样就怎样，父母根本不会严格要求自己的时候，孩子就会把握住父母的这一"弱点"，提出一个又一个要求，想要这个，想要那个，一不如意，就会哭闹起来，甚至满地打滚，直到父母妥协。

一般情况下，溺爱孩子的父母遇到这种情况，就会十分头疼，不知道应该怎么解决。其实只要父母在面对孩子不合理的要求时有技巧地拒绝掉，难题就会迎刃而解。

比如，孩子明明刚吃饱饭，但看到香喷喷的面包时，便嚷着要吃。妈妈可能会说："不行，你刚吃饱，再吃东西会肚子胀的。"但孩子却不管这些，他也不知道肚子胀到底是怎么回事，他只想吃到好吃的面包。其实，这时候妈妈可以变个法儿，拒绝孩子的无理要求，"面包是好吃，但只有饿的时候吃才最好吃，你现在吃的话，肚子会痛，会生病，到时候妈妈要带你打针吃药，你要是愿意这样的话，妈妈就给你吃面包。"把孩子害怕的东西当成拒绝的理由，有时候是很管用的。

2. 拒绝包办，鼓励孩子自己动手

孩子的事情应由孩子自己决定，父母不询问孩子的意愿，自己决定孩子的一切，想法是好的，想多疼爱孩子，但结果却是糟糕的。十来岁的孩子已经到了可以为自己决定一些事情的年龄，一些孩子完全可以独立完成

的事情，父母最好放开手，让他自己完成。比如，洗自己的袜子、自己去超市购买学习用品、自己修理坏掉的玩具等。如果父母一开始不放心，可以在一旁协助，但不要动手帮他完成任务，不要让孩子对父母产生依赖感，这样的话，慢慢的孩子就能独立起来。

3. 让孩子偶尔受受挫折

受溺爱的孩就像温室中的长大的花朵，不仅性格骄横，在家在外都是一副唯我独尊的样子，还经受不起挫折，稍有风雨，就会把他打蔫。

在家里，父母可以宠着孩子，但出了家门就不一样了，外界的人、事、物没有义务，也没有责任呵护孩子的成长，总有一天，孩子会遇到困难和挫折。父母也不想自己的孩子在遇到困难时，变得手足无措，将来无法成就大事业吧。那么，不妨放开手，让孩子经受一些挫折的考验，甚至，父母也可以制造一些小难题让孩子来解答。我们相信，只有经得住风雨的考验，花儿才能开得更美。

为孩子创造一个和谐快乐的家庭氛围

卢天骏是一名初三的男生，长相清秀，脾气好，学习成绩又不错，很得老师和同学的喜欢，但有一点，让人很受不了——他做事小心翼翼的，像个老人！

"对不起，对不起，都是我不好……"打扫卫生的时候，卢天骏不小心踢翻了水桶，显得很不安，连连道歉，有男生在一旁笑道："瞧，又来了，道歉先生！"

而卢天骏只是咬咬嘴唇便忍了下来。

班主任找他谈心，说："懂礼貌是好事，但不用太小心翼翼，你们不是朋友吗？朋友之间说话，不用总是道歉啊。"

卢天骏低了很久的头，才轻轻点了两下，可开口又是一句："对不起。"

班主任不由得叹了口气，问他："你怎么总是先道歉呢？"

卢天骏头更低了，犹豫了很久，才很小声地回答道："很多时候爸爸妈妈吵架都是因为我，所以我觉得自己很没用，如果不道歉的话，万一爸爸妈妈不要我了，该怎么办？"

原来是这样！班主任这才顿悟：原来是家庭原因导致了他这样的性格。

卢天骏之所以会有这样的性格，是自责心理在作祟。父母关系的不融洽，使他内心充满了自责和危机感，为了使自己安心，渐渐养成了道歉的习惯，不管自己是对是错，先道歉总是没错的。殊不知，长此以往，不利于孩子的成长。

对孩子来说，能让他们依靠的只有父母，父母的一言一行，对孩子的成长有着极大的影响。比如说，如果父母的关系不和睦，孩子便生活在不和气的环境中，常期处在淡漠的氛围下，孩子很容易产生恐惧感，对生存充满疑惑，对未来开始不安。孩子可能会想，之前某段时间爸爸妈妈还很和睦，是不是自己做错了某件事或说错了某句话后，他们才开始吵架的呢？在这种深深的自责中，他很有可能自我贬低，潜意识中认为自己是一个不值得关爱、没有任何存在价值的人，这对孩子的未来，是极其不利的。

不过，父母难免有心情不好的时候，这种时刻，父母该如何为孩子营造一个和谐的家庭环境呢？

1. 不要把怒气发泄在孩子身上

哐啷啷……

袁晁放学回家，一推开家门，就听到厨房里传来锅碗瓢勺掉在地上的声音，他赶紧冲进厨房，看见妈妈在里面发呆，眼睛红红的，他关心地问："妈，你怎么了？怎么东西全掉地上了？"

"要你管！赶紧回屋写作业去，没看我正烦着呢！"袁妈妈不领情，冷冰冰地把袁晁赶出了厨房，袁晁犹豫了一下，却听妈妈生气地吼道："连你也不听我的了？你们一大一小，非得气死我才甘心！"

袁晁这下明白了，原来是爸爸妈妈吵架了，可他们吵架，把气撒在我身上做什么，这个家真是越待越烦了。袁晁边想边郁闷地回了屋，嘭的一声把门关上，隐约听到妈妈又在外面嚷什么。

很多父母吵架后，都习惯把怨气发泄在孩子身上，可能是父母正在气头上，见孩子们来烦，很自然地就把气发出去了。殊不知，父母一时的口快，却在孩子的心中烙下了难以磨灭的伤痕。所以说，不管父母如何不开心，在孩子面前，应尽量克制自己的怒火，实在忍不住，可以不说话。都说沉默是金，在怒气最盛的时候，保持沉默是一个不错的方法，既可以避免语言上对别人的伤害，又可以使自己的情绪平静下来。

2. 吵架时不妨让孩子当和事佬

初中生乔乔放学回家，刚走到楼下就听到父母大声争执的声音，她不由得皱起了眉头：怎么回事？爸妈很少吵架的，怎么突然吵得这么厉害呢？

"爸爸，妈妈，你们怎么吵起来了？"她推开门就问。

"乔乔回来啦，爸爸妈妈没吵架啊。"爸爸怕她担心，想掩饰过去，妈妈却拉过乔乔诉苦道："今天在楼下我遇到一个老头，差点被他骗了，回来和你爸爸一说，他竟然骂人，我也知道任谁都会生气，可骂人就不行！"

"我骂人是我不对，可你死不认错，活该被骂！"

"你看……"

"爸爸，妈妈，你们都有错，我看啊，都和对方认错吧，这样我就能安心吃饭了。"

爸爸妈妈你看看我，我看看你，再看看乔乔，最后竟然齐声笑了出来，一家人又恢复了往日的和气。

为什么父母吵架可以光明正大的让孩子参与呢？因为当有孩子在场的

时候，父母因为对孩子的爱，会尽可能地控制自己的情绪，这样父母心中的怒气就会减少很多，争吵的程度也会降低。

而且，让孩子当和事佬，比其他人更有力度，也更体贴，更是在间接地告诉孩子，在这个家庭中，我们的地位都是平等的。这样的认知，能大大提高孩子的自信心，使孩子明白，父母的争吵并不是孩子的错，孩子并不需要自责，使孩子能以乐观向上的积极性格面对人生。

给孩子一个自由的空间

童童妈最近很发愁，愁什么呢？愁她的宝贝儿子！"你说我伺候他吃，伺候他穿，样样儿看到，样样儿管到，他怎么就这么不体谅父母的心情，总是调皮捣蛋不让人省心呢！"童童妈一谈起她的宝贝儿子，就愁得满脸乌云。这天正好她的好姐妹来家里玩，她就开始诉苦了，"而且，他最近还学会上网玩游戏了，一放学就赖在电脑前面不离开，一玩就是好几个小时，我和他爸想了很多办法，最后把他电脑没收，他竟然偷偷跑到网吧去玩，你说这……"

好姐妹叹口气，也说道："哎，我们家小飞也一样，天天玩游戏，还和我说，学生压力大，不玩会儿游戏透透气，他会累垮的。你说，他一个小孩子，懂什么叫压力？"

"哎！"童童妈忍不住连连叹气，最后狠心说道："实在不行，我就把他的零花钱扣掉，看他还怎么去网吧玩！"

很多时候，父母都把孩子当成自己的私有物，希望孩子这样，希望孩子那样，认为是为了孩子好，实际上却忽略了孩子的自身感受。父母对孩子过多地限制，反而压制了孩子的成长，父母认为是对孩子好，其实不然，孩子更想要的是一片自由的天空，能随心所欲地呼吸到新鲜空气。

但是，孩子对社会还不太了解，给孩子过度的自由也是不行的，到底什么样的自由才合适呢？其实，只需要一点时间和空间，就可以了。

1. 给孩子单独的房间和时间供其支配

如果条件允许，请帮孩子准备一个单独的房间和一段时间，供其自由支配，即使父母不理解孩子的某些行为，只要无伤大雅，就不要贸然干涉。在这个房间里，摆放孩子喜欢的玩具和用具，比如孩子喜欢画画，就准备一张小桌子和几张画纸、画笔，让孩子随时都可以画上两笔。

在准备这样一间房时，父母也可以听听孩子的意见，问问孩子想要一间什么样的房间作为自己的"秘密基地"。这样，能很直接地了解到孩子的喜好和性格特点，父母掌握了这样的信息，便能因材施教，让孩子朝好的方面发展。

有了这个小房间后，父母和孩子的空间就会有效地隔开，这样就不会在父母的无意识中将不好的影响带给孩子。比如父母因情绪不受控吵架等。这个时候如果孩子能有一间单独的小屋，父母就可以暂时让孩子去房间避避"风头"，等父母的情绪平静后，再把孩子叫出来。您看，这个小房间，还是很有用处的吧。

另外，父母需要注意的是，这个空间是属于孩子的。你可以暗中观察，但要让孩子知道，真正能支配房间使用权的是孩子。在这个房间里，孩子可以做任何事情，父母应做到尽量不去打扰他。这样一来，父母其实是间接为孩子创造了一个独立思考的场所，能帮助孩子锻炼他的思维能力，还能使孩子精力更集中。

2. 自由也要有限度，该管还得管

"老赵，你儿子又在外面打架了，你怎么都不管管啊。"邻居小齐隔着门在外面喊道："就在我窗子下面，好像还挺激烈的。"

"不用管他，小孩子打打闹闹很正常，咱们大人应该多给他们一点自由。"老赵打开门，笑呵呵地把小齐请进了家门。

"这有点自由过度了吧。"小齐也不好意思指责他对孩子的放纵，讪笑

道:"有时候,我们还是应该告诉孩子什么该做,什么不该做。"

"不用吧?"老赵怀疑地看向他,正巧此时儿子进了家门,浑身是泥,脸上也红了一块,好像是挨打了。

"竟然敢还手,哪天我找人揍死他!"儿子嘴里嘟囔着。

老赵乍一听,还真吓了一跳,难道真是自己对儿子太放纵了吗?

给孩子自由,并不是完全对孩子不管不顾。俗话说"初生牛犊不怕虎",在孩子的世界里,再凶猛的老虎都是没有危险的,就像可爱的猫咪一样,只是一只小动物罢了。如何让孩子知道老虎的可怕之处呢?这就要靠父母了,直接告诉孩子,老虎是吓人的动物,招惹了它可能会被一口吃掉,在孩子知道了这样的事实后,孩子就对老虎有了戒备,不会贸然接近。

同样,孩子如果想要获得一定的自由,也必须遵守相应的规则。最基本的规则就是不伤害自己和他人,在这条规则的基础上,父母可以根据不同情况,制定可以对孩子放下心的规则。有这些规则约束着孩子,父母就可以放手,给孩子自由了。

为孩子制定合理的"家规"

娇娇妈带着娇娇去参加朋友的生日宴会,赶到的时候宴会上已经来了不少人,有娇娇妈认识的,也有她不认识的。

"于姐,这是您女儿吗?长得可真漂亮,今年多大了?"有熟人和娇娇妈打招呼,看到娇娇后,由衷地称赞着她。

"已经12岁了,和你女儿比起来,差远了。"娇娇妈客气道。

对方客气了两句,便走开了,没一会儿,又折了回来,手里拿着一样东西,递到了娇娇的手里对她说:"这是我帮女儿买的化妆品,可惜她自己买过了,正好给娇娇用吧。"

娇娇高兴地接了过去，"谢谢阿姨，这个牌子的化妆品听说特别好用，我早就想买来用用了。"

"别客气，那我陪朋友去了，待会儿聊。"对方说完就走了。

娇娇妈觉得女儿乱收别人东西不太好，可她一想，又不至于因为这种事就教训她，所以也就没吭声，全由着她了。

每个家庭的生活重心都是孩子，父母在面对孩子的时候，多是慈祥友爱的面孔，喜欢称赞和鼓励孩子，但当孩子出现说大不大，说小不小的错误时，父母常常束手无策，到底是该批评还是一带而过呢？

"我们批评了，可是孩子会对着干，根本就起了反效果嘛。"有些父母可能会这样的感触。这也是情有可原的，试想，大千世界有着各种各样的人，但每个人都爱听好话，这是人的天性，孩子自然也不例外。甚至，孩子更纯粹的天性，使他更爱听赞美的语言。但这并不表示，在孩子犯错的时候，我们仍旧用好话对待他。适当的批评是必需的，赏罚分明的"家规"才是对孩子成长最有益的利器。适当的批评能使孩子学会分辨好坏，如果他不肯接受批评的话，父母完全可以用身边真实存在的事例来教育孩子，让他明白，有时候批评他才是真正的疼爱他。

1. 制定"家规"，不能有求必应

璐璐看到一个毛绒玩具十分喜欢，拉住妈妈的手便说："妈妈，帮我买下来吧，多可爱。"

可璐璐的毛绒玩具已经摆了半个屋子了，妈妈觉得没必要再买，就说："下次吧，下次给你买。"

"下次就碰不到了，现在就买吧。"璐璐乞求道。

妈妈一见她这装可怜的样子，就妥协了，无可奈何地说道："下不为例！"

殊不知，这样的"下不为例"妈妈已经说了多少回了，在璐璐耳中听来，就是心愿即将达成的暗号！

父母因为不想让孩子受委屈，而对孩子有求必应，哪怕是孩子的不合

理要求，也会勉为其难地答应。虽然很多时候，父母会用"只此一次""下不为例"等来要求孩子，但往往下一次，父母还是用这样的话来回应孩子的不合理要求。

次数多了，孩子就"皮"了，再想让他按规定办事就很难了，所以，在孩子开始提要求初期，就应给孩子制定一个有赏有罚的家规。哪些东西该要，哪些东西不该要，哪些东西可以在达成某种条件后索要，父母都应一列在家规上，让孩子对未来能得到的东西心有期待，这样当他真正拿到想要的东西后，满足感会更大。

有心理学家指出，当孩子一直渴求着某样东西时，想要得到它的时间越长，真正到手后的成就感和兴奋度就越大。但是父母应注意的是，尽量不要欺骗孩子。比如"妈妈下次给你买"下次却没有买。这种欺骗的方法只能让孩子性格变得越来越坏，甚至上演大吵大闹的戏码，让父母更头疼，无力招架。

2. 执行"家规"要长期坚持

做什么事都害怕"三天打鱼，两天晒网"，这样的结果只能是一事无成，在家庭中，也是如此。一旦父母给孩子立了"家规"，就要坚持下去，不能今天想宠爱孩子，就违背规定，放弃应坚持的原则，对孩子造成不良影响。

俗话说得好，有一就有二！如果父母破坏了一次"家规"，孩子就会看到"希望"，想尽一切办法，迫使父母打破第二次、第三次"家规"，最后变得和定制"家规"前一样，使孩子挂上了"没有家教"的名号。

所以，父母千万不能因为一时心软而放弃对孩子的管教，当然，当孩子表现好的时候，适当的奖赏也是十分必要的！

如何应对6岁孩子的逆反心理

当孩子长到六七岁的时候,自我意识初步形成,不管父母多么注意,孩子都会经历一次"反抗期"。这种叛逆和反抗心理,因人而异,有些孩子可能表现得不是很突出,而有些孩子因为生活环境的因素,逆反性可能比较明显,在面对父母或其他长辈时,常常你说东,他偏往西,就和你对着干。

"宝贝儿子,你看这件衣服多好看,咱们今天就穿这件衣服去上学怎么样?"一大清早,翔翔妈就开始了每天的必修课——哄她的宝贝儿子翔翔穿衣吃饭。

翔翔今年刚升上小学一年级,很多生活习惯都和以前不太一样了,尤其是时间上,必须定时起床,按点到学校,这对懒散惯了的翔翔来说,是很头疼的一件事,翔翔妈每天都得提前半个小时开始着手做洋洋的"出行"准备。

但是每次,翔翔妈都进行得不是很顺利。从叫翔翔起床开始,翔翔妈喊他穿上衣,他非得先穿裤子;帮他穿袜子,他却偷偷把穿上的脱下来,让翔翔妈着急。

其实,逆反心理是孩子的天性,表现越强烈的孩子,自我意识就越强。这样的孩子更勇敢,更有创新精神,将来在社会上更容易作出一番贡献。但如果父母不能正确引导孩子的逆反心理,使其往积极方面发展,那么孩子的性格可能会向不良的方向发展。比如,多疑、冷淡、固执等,对孩子的成长十分不利。那么,父母应该怎么面对孩子幼儿期的逆反心理呢?

1. 过度保护让孩子开始反抗

"妈妈,下次让我自己洗衣服吧。"7岁的嫚嫚很想帮妈妈做一些家务,她想，自己的衣服比较小而且轻，应该试着自己来洗。

可她的一番计划被妈妈一句"不行"打乱了。

"为什么不行？"嫚嫚委屈地问。

"会有危险的，等你再大一些再自己洗吧。"妈妈拍拍嫚嫚的头，可嫚嫚却高兴不起来，同班的彩荷和自己一样大，都能自己洗衣服，为什么自己就不行呢？

随着孩子年龄的增长，孩子的思维和表达能力也跟着提高，对周围的环境有了自己的认知和感受，自我意识渐强，种种变化会使孩子的独立性越来越强，有了想亲手做事情的愿望。但父母在对待孩子的时候，常保护过度，担心孩子在操作过程中受伤，久而久之，孩子找不到自我表现的时机，自然会开始反抗父母。

所以，在孩子六七岁的时候，如果他有自己的想法想要实现，父母不要过多的限制和干涉，应该鼓励孩子去做自己想做的事情，给孩子表现自我的机会。

2. 家教太严宝宝也易反抗

和包办代替不同，有些家庭的家教非常严格，这类父母多认为"棍棒之下才会出孝子"，所以在和孩子说话时，经常不考虑孩子的想法，非常严厉或粗暴地对孩子提出要求。如果孩子做不到父母所要求的事情，就会受到严厉的批评或惩罚。这种情况下，孩子很容易与父母产生对立情绪。

当父母发现孩子逐渐产生反抗情绪时，应及时改变家庭中的不合理教育方式，多听听孩子的想法。有时候，孩子的意见虽然幼稚，但却是孩子真实的想法，父母在倾听孩子的想法时，应循循善诱为孩子讲解其中道理，当孩子明白某件事的道理后，就能积极听取父母的意见，从而顺利度过人生中第一个"逆反期"。

3. 父母"黑白配"

当父母在孩子的教育中出现问题时，不妨一个扮"黑脸"，一个扮

"白脸"，当孩子有无礼行为时，"黑脸"训斥，指出孩子的不当行为；"白脸"安抚，用较温柔的口吻对孩子讲明其中的利害关系，让孩子明白，"黑脸"所说是有道理的，应该听从。父母的这种"黑白配"方法，不仅能对孩子进行教育，还能使孩子在不遭受打击的情况下理解父母的好意。

如何应对中学时期孩子的反叛行为

"莉莉，你这裤子怎么穿的，往上提提，都要掉地上了。"周末的中午，妈妈准备午休的时候，看见13岁的女儿莉莉从房间里走出来，穿了条牛仔裤，却勉强护住了肚脐，妈妈越看越不雅，就出声提醒她，谁知道她还得意的转了下腰，回答道："不提，我们班同学都这么穿。"

"你这孩子，怎么不听话呢。还有这脸上，抹的什么啊，才一个初中生，怎么就学街上那些女人们，化这么浓的妆！你是不是早恋了啊！"

"没有，不就是抹了点粉嘛，妈，别大惊小怪的。"

"白得跟鬼似的，快洗了去。"妈妈指向洗手间，清清赶紧往后一跳，不高兴地说道："不洗。哎呀，妈，我的事儿你就别管了，天天念叨来念叨去，烦不烦啊。"

"你这孩子，妈还不是为你好。"

"行了，我知道自己怎么样才叫好。"说完，清清甩着头就跑出了家门，空留妈妈在她身后直叹气，怎么这孩子越来越难管了，说什么都不听。

十三四岁的初中生，正是性格渐渐成形的时期，这一时期的孩子们，不管是心理上还是生理上，都发生着重大的改变，比幼儿时期更调皮、更捣蛋、更不喜欢和父母沟通交流、更愿意和父母对着干，而且，这一时期的"叛逆"比幼儿时期更明显。

当孩子步入初中的大门后，他们往往认为自己不再是小孩子了，脱去了稚嫩的小学生的"外衣",他们觉得自己已经长大成人,可以摆脱父母,为自己做主了。但初中生毕竟还是孩子,在想要摆脱父母的同时,他们又必须依赖父母,在这种矛盾中,他们变得异常敏感,如果父母或外界还把他们当做孩子看待,他们便会感到厌烦,认为来自外界的关心伤害了自己的自尊心,对外界产生了对立情绪,即逆反心理。在家庭教育中,父母可采用以下方法化解孩子的反叛性。

1. 孩子不是父母的私产

大多数父母都把孩子当成自己的私有财产,自己的孩子,想怎么管就怎么管,或是想把自己的愿望、理想强加到孩子身上,把他培养成自己想做的那一类型。如果孩子和父母的价值观一样,那么可喜可贺,父母和孩子都能满意。但如果价值观不同,可能就不是孩子和父母对着干,而是父母和孩子对着干了。

读初中的孩子已经有了自己独特的想法和见解,逐渐形成了自己的价值观,但当这种价值观被父母反对或否定的时候,孩子的心理就会发生改变,无法与父母亲切地交谈,或像以往一样,把自己的心里话讲给父母听,而是开始渴望独立。

父母要管教,子女要独立,这就有了矛盾,"反抗"与"压迫"自然而然就形成了。所以说,到底是孩子和父母对着干,还是父母在和孩子对着干,首先还要看父母的态度。因此,父母学会理解是很有必要的,只有这样,才能积极地教育孩子。

2. 给孩子平等发言权

当孩子说话的时候,做父母的真的在认真听孩子在说什么吗?真的没有敷衍孩子的行为吗?孩子的内心其实是很敏感的,对敷衍的行为一目了然,如果父母对孩子的讲话只是哼哼啊啊了事,那么孩子可能就会拒绝再与父母交流、沟通,不管父母问什么,孩子都会闭口不答,或答非所问,看起来就像是在"忤逆"父母一样。

为了避免这些情况的发生，当孩子在讲话的时候，父母应该认真且耐心地倾听，这是对孩子最起码的尊重，尽管他只是个孩子。只有获得尊重，孩子才愿意亲近父母，听从父母的建议或安排。当然，在孩子发言的时候，父母一定要给予积极的回应，适当地做出一些赞赏的行为。

3. 教会孩子理解他人

当孩子做了错事的时候，父母要做的，不是大骂一通，而是告诉孩子父母的担心和忧虑，让孩子知道，父母的责备，其实是爱他的表现。这也是一个教育孩子理解他人的过程，当孩子体会到了父母的担忧和关爱后，再做事的时候，就会首先考虑到父母的感受，为了避免父母的担心，而谨慎行事。

教会孩子不贪小便宜

妈妈带着10岁的儿子云狄去参加朋友的生日宴会，一整天都玩得很开心，可是回到家后，妈妈不高兴了。

"云狄，这是什么？"妈妈拿着儿子脱下的外套，抖了两下，却发现从口袋里掉出了不少东西。

"勺子啊，妈妈真笨，这都不认识。"云狄笑道。

"可是勺子为什么会在你的口袋里呢？而且……"她把勺子拿在手里摇了摇，说道："这好像不是咱们家的勺子。"

"还有这把小刀，我记得，刚才在朋友家见过……"她说着说着，突然醒悟过来，板起脸来，问儿子："告诉妈妈，这些东西你是从哪拿的？"

云狄渐渐的，低下了头，小声说："从……刚才的阿姨家……"

"你什么时候学会偷东西了！"

"……我没偷……"

"那这些怎么会到你兜里！"

"我……我只是觉得好看……"

"这就是偷！"妈妈大声教训道。

小云狄委屈地低下了头，眼泪在眼眶里打着转儿。

很多孩子在小时候都有顺手牵羊，偷拿东西的行为，父母想纠正过来，却往往效果不佳。俗话说，小时偷针，大了偷金。当孩子有顺手牵羊的毛病时，父母若不及时有效地纠正过来，后果可能将不堪设想。那么，孩子的这一行为，是如何而来的呢？又该如何纠正孩子的不良习惯呢？我们一起来分析下。

1. 明确指出孩子的错误

三五岁的孩子可能只是单纯地觉得某件东西好玩，不知道需要花钱购买，只是因为自己喜欢就拿到了手里。这一时期的孩子道德观念还未形成，无法辨别什么东西是自己的，什么东西是不属于自己的。

这种情况下，父母的训斥往往起到反效果。孩子不觉得自己"偷"了东西，所以不甘心被父母批评，觉得自己很委屈，为了发泄心中的不甘，可能会继续"偷"东西的行为，渐渐地变成习惯，再想改就不容易了。

这时期，想要纠正孩子的不良习惯，其实很简单。只要让他意识到这是"偷窃"，是错误的行为，会对他人带来伤害。当发现他顺手拿了别人的东西后，父母一定要明确地指出孩子的错误，并教育他向受害者道歉，赢得他人的原谅。

2. 了解孩子的"偷窃"动机

随着年龄的增长，10岁左右的孩子已经知道什么是"偷窃"行为，但有时候为了满足自己的好奇心或缺乏自制力时，还是忍不住"偷"了东西。这时候，仅是向他人道歉已经不能彻底纠正孩子的不良习惯了。父母想要彻底纠正孩子的这一行为，首先应了解孩子"偷窃"的动机。每个人在做某件的时候，都有一定的动机，孩子自然也一样。

是不是父母一时不察，没有察觉到孩子的需求，而使孩子自己动脑，想从其他的渠道得到自己想要的东西？还是孩子的恶作剧或攀比心作祟，使他想要得到某个物品呢？

在了解了孩子"偷窃"的动机后，父母就可以"对症下药"，改正孩子的不良习惯。如果是孩子的正当需求没有得到满足，而使孩子动了歪脑筋，父母要多给孩子一些关爱，经常和孩子沟通，了解他的正当需求，及时满足。如果是其他原因导致的"偷窃"行为，父母就要把道理向孩子讲清楚了。不能因为只是偷的小东西而假装不知道，不闻不问，这种纵容态度会使孩子内心自大，占有欲越来越强，越来越爱贪小便宜。

3. 用适当的惩罚纠正孩子恶习

张昊今年 14 岁，是一名初二的学生。可本该坐在明亮的教室里学习的他，现在却被扭送进了派出所，理由是——涉嫌偷窃。

"你偷东西了吗？"警察问他。

他点点头，很大方地承认道："偷了。"

"你知不知道这是错误的行为？"

"知道啊。"

"那你为什么还偷？"

"谁知道这次会被抓住啊。"他无辜地耸耸肩。

像张昊这样的孩子，已经完全知道了偷窃是错误的行为，但仍大胆为之的原因就是以前偷的时候从来没有被逮住过，或者被发现了也没有人教育他。

拥有这种心理的孩子性格已经错位，他们经常把自己的快乐建立在别人的痛苦之上，是把偷窃当做乐事了。这类孩子性格比较自私，自认为被这个社会抛弃了，所以要报复社会。而他们选择的报复方法，就是偷窃。

想要纠正这类孩子的偷窃行为，父母的态度就要强硬一点了，严厉的批评是不可避免的。另外，适当的惩罚也是必要的。比如，当孩子偷了别人的钱被发现后，父母除了要求他向对方道歉，进行赔偿外，还可以要求其用体力劳动"赎罪",帮助父母做事或做家务,以"偿还债务"。

如何让孩子不爱慕虚荣

"妈妈,妈妈,我要买这个书包!"下午4点半,10岁的可欣一看见学校门口来接她的妈妈,就晃着手里的杂志跑了过去,"看,就是这个书包,粉色的,漂亮吧。"

"你的书包不是刚买的吗?怎么又要买?"妈妈问。

可欣小嘴一撅,不高兴地说:"我同桌的妈妈都给她买了,我都和她说妈妈也帮我买了,怎么能说话不算话呢。"

"啊?你这孩子,一个书包而已,比什么。"

"不一样,这可是名牌,不管,你一定要给我买,要不然我要被她们笑话了。"可欣气鼓鼓地说道:"她们天天笑话,这回我也要笑话她们一次。"

妈妈哭笑不得地看着她,心想,女儿什么时候有这么强的虚荣心了。

从心理学角度来说,虚荣心是一种性格缺陷,现在有很多孩子也早早的有了虚荣心,希望自己比别人强,别人有的自己也要有,通过贬低他人,来获得自己心灵上的成就感。

而孩子虚荣心的产生,往往和家庭脱不了关系。父母或溺爱,或在孩子面前谈论太多的金钱问题,或怕孩子受委屈,不想让自己的孩子比其他孩子差,将攀比心理带给了孩子。不管是哪种因素,父母的这种不当教育有可能让孩子的欲望增长,当看到身边的朋友拥有较好的东西时,就会产生攀比心理,继而无法接受别人比自己好,就形成了强烈的虚荣心。

爱慕虚荣的孩子往往不懂装懂、把自己的能力看得过高;或因家境不错,在强烈的优越感下看不起别人;或是不能接受别人的批评,恼羞成怒后贬低、伤害他人。如果孩子的虚荣心不能被及时的遏制,它对孩子的隐性伤害会越来越大，甚至导致孩子产生错误的价值观。

那么，当父母发现孩子虚荣心过强的时候，该怎么办呢？

1. 以身作则教育孩子

很多时候，孩子虚荣心强是受到了父母的影响，父母是孩子接触最多的人，也是孩子的第一任生活、学习导师。如果父母经常和别人攀比，经常在孩子面前说谁穿的是名牌，用的是名牌等类似的话，孩子就会模仿父母的行为，渐渐形成攀比心理。

所以，父母应以身作则，尽量不要在孩子面前做出与他人攀比的事情。还要多注意孩子的心理成长，多和他摆事实、讲道理，让孩子知道想要拥有较高的地位和较好的生活水平，就必须靠自己的努力，用自己的双手去赚取。在必要的时候，父母还可以创造机会，让孩子通过家庭劳动的方式"赚钱"，购买自己需要的东西。

2. 帮助孩子树立正确的价值观

"妈妈，今天下午学校开家长会，你别迟到哦。" 13岁的女儿亦舒早上去上学的时候，对妈妈说，见妈妈点头，才一蹦一跳开心地出了家门。

可下午妈妈赶到学校后，亦舒一见妈妈就撅起嘴，拦着她不让她进教室。

"怎么回事？"妈妈疑惑的问。

亦舒迟疑了良久，才小声说："妈妈你怎么穿这么难看的衣服就来了，会被同学笑话的。"

"啊？你这就不对了，妈妈这衣服是偷来的还是抢来的？"妈妈听完这话很伤心，孩子竟然嫌弃自己这个当妈的，真是没天理了。

亦舒摇摇头，其实他觉得妈妈挺漂亮的，可同学妈妈的衣服听说很贵。

"那不就对了，妈妈自己辛苦挣钱买的衣服，当初你不是还夸漂亮吗？为什么说难看？"

"因为……旧了……"

"旧了就难看了？这是不对的，不管新衣服还是旧衣服都有它存在的价值，不能因为旧了就贬低它啊，对不对？"

"……妈妈，我错了。"亦舒一边认错，一边拉着妈妈的手走进了教室，向同学大声介绍道："这是我妈妈，漂亮吧，我没说错吧。"

俗话说，胖子不是一天吃成的，同理，孩子的虚荣心也不是一天就形成的，这和家长日常没有注意到孩子的心理变化有密切的关系。

但是，想要纠正孩子的虚荣心，并不是立即就能见效的，如果父母能在孩子出现虚荣心的初期就将它遏制，给孩子摆出事实，讲出道理，让孩子知道虚荣心是错误的，使孩子产生正确的人生价值观，等明白道理后，就会对事物有正确的判断，渐渐的孩子就会不再有虚荣心。

不过父母在帮助孩子纠正虚荣心的时候，也要学会理解孩子，就算是父母，也会有虚荣心作祟而犯错的时候。

孩子发脾气，查明原因再解决

乐乐妈抱着洗好的衣服去晾，不小心踢到了乐乐摆在地上的卡片，她刚想说抱歉的时候，乐乐就从地上一跃而起，叉着腰大声尖叫起来："我的卡片，妈妈赔我的卡片。"

"妈妈是不小心踩到的……"

"我不管！妈妈赔我卡片，快赔快赔……"一边嚷着，他竟然扑通一声又坐回了地板上，往后一仰，打起滚来了。

乐乐妈这下不知道怎么办了，不就是一张卡片吗，怎么生这么大的气呢？她马上哄道："妈妈赔，晾完衣服就赔，好不好？"

"不好，现在就赔！马上！"

"你这孩子，怎么乱发脾气，不准再闹了，妈妈要去晾衣服了！"

"不让！就不让！"跳跳躺在地板上，双手抱住了妈妈的脚脖子，依旧大声地哭闹着。

乐乐妈很是苦恼，孩子脾气越来越大，经常胡搅蛮缠，又哭又闹，照这样发展下去，会对他的以后造成严重影响的。

在解决孩子爱发脾气的问题之前，父母应该先了解一下，孩子发脾气，都是什么原因引起的。因为有些原因是孩子也无法控制的，如果贸然批评、训斥，会使孩子心灵受到伤害，进而影响到性格发展。

1. 查明原因，对症下药

邓娜放学一回到家就一屁股坐到了地板上，哇哇地哭起来，爸爸从房间里走出来，皱着眉头问："小娜，你怎么了？"

可邓娜只是哭闹，两腿乱踢乱蹬一通。

爸爸见她这样，马上烦躁起来，冲着邓娜就是一通嚷，"你这孩子怎么回事？一回家就哭？他妈，快来看看你女儿是怎么了！"

"咦？怎么睡着了？"嚷完再回头，却发现邓娜正躺在地板上，呼呼睡着了，真是莫名其妙！

孩子爱发脾气，很多时候是由疲劳引起的。当孩子感到饥饿、疲劳时，会因体力透支的原因而发脾气。当父母没有及时察觉到孩子的异样时，哪怕只是好意的呼唤他两声，都有可能诱其撒气，以排泄身体及心理的不适。这种时候，只要父母让他安心地睡一觉，或吃点东西，他的情绪就会得到缓和，不再乱发脾气。

和大人一样，孩子也有情绪周期，有些孩子只是单纯地在某一时间段情绪落入低谷，而以乱发脾气来排解心中的不良情绪。这时候，父母可以安排孩子进入一个安静的环境中，或者让他做些喜欢做的事情，以转换心情。

另外一些爱发脾气的孩子则是比较调皮，喜欢以这种方式来吸引别人的注意，人越多，越大声尖叫做恶作剧，对于有这样行为的孩子，父母应给予一定的惩罚，例如面壁思过。待孩子冷静下来后，再告诉他他的行为有多让人讨厌，孩子都不希望自己是不受欢迎的，这样说多半能起到好的制止效果。

2. 不要和孩子真生气

妈妈带着儿子去参加聚会，在聚会上遇到了昔日的老同学，两个人热情的叙起旧来，聊了一会儿，同学面向她儿子说："真帅气的小伙儿，今年多大了？"

"刚12岁，儿子，快叫阿姨。"妈妈把儿子拉到了面前，儿子却扭头不悦地说道："不叫！"

"啧，怎么这么不听话，快叫阿姨好。"

"不叫不叫就不叫，啊……不叫！"儿子边说，竟然跳着哭了起来，妈妈觉得脸上无光，也生起气来，啪的一巴掌就打在了儿子脸上，儿子顿时哭闹得更凶了。

当孩子乱发脾气的时候，父母最忌讳的就是把握不住自己，也真的发起火来，伤人又伤己。如果孩子真的不想做某件事时，父母一定不能强硬地要求孩子继续做，但也不能放弃。父母可以让孩子把注意力先放在其他事物身上，待孩子情绪缓和后，再循循善诱，和孩子讲明道理，使他认清自己的错误行为，主动认错并按照父母的安排去做。

如果孩子脾气很大，父母一时半会儿不可能稳定住孩子的情绪时，千万不要和孩子争执不休，甚至对孩子动手。父母完全可以任孩子把脾气发出来，等孩子哭够了闹够了，再诱导孩子把发火的原因讲出来。很多时候，父母越是哄劝，孩子哭闹得越厉害，当你不理睬他时，孩子哭一阵也就停下来了。

第六章

耐心细致,对孩子的情绪很重要

阳光未来丛书
培养孩子好性格赢在起跑线

YANGGUANG WEILAI CONGSHU
PEIYANG HAIZI HAOXINGGE YINGZI QIPAOXIAN

教孩子真正了解自己的情绪

佑思是一名初一的男生，一天上思想品德课的时候，老师一到讲台上，就问大家："如果你们期末考试考得不理想，回到家后刚和父母说完，就挨了一巴掌，你们会有什么情绪？"

"当然是生气啊，挨打了谁会高兴。"有同学马上回答道。教室里的气氛显得有些沉重和紧张。

"就是就是，会很伤心的。"另一个同学也连连点头。

"不过……"佑思沉思了一会儿，回答道："还会感到有些愧疚，毕竟是自己没考好。"

"嗯，很好，大家都回答出了自己挨打后的想法。那么……"老师轻咳了一声，又对同学们说："如果，接下来，你们的父母说：'又去哪玩了，瞧屁股上一层土。'你们又会怎么想？"

"啊？老师你别大喘气啊，一口气说完不好，吓我一跳。"同学们一副如释重负的样子，刚才的沉重感瞬间消逝。

"不再生气、难过了？"老师笑着问。

"呃，还会有点心虚吧。"波波说："会担心接下来爸爸妈妈再询问成绩的事情，然后生气。"

"就是，结果还是会挨打啊，哎！"同学附和道，显得有些失落。

这时候，老师很高兴地对大家说："很高兴同学们有这么多反应。其实这些呢，就是我们每个人的情绪。今天我们的课外作业就是，根据今天课上的情况，自己分析一下自己的情绪，是愤怒还是软弱，是勇敢还是胆小？大家一定要认真地把自己分析透哦。"

事例中，老师的问题很有意思，学生的回答更有趣。考试不好回到家中挨父母的巴掌后的感受，和在外玩耍弄脏衣服后挨打的感觉，在孩子们看来是不一样的。他们认为，一件是大事儿，一件是小事儿，肯定不能相提并论了。无论是生气、伤心、心虚还是内疚，这都是孩子在遇到事情后心理上的自然反应，这就是孩子不同的情绪表现了。

儿童心理专家认为，孩子的年龄虽然小，但也有自己的情绪特点，那就是"不自知、变化大、易受影响"。不自知是指孩子对"自己的情绪"了解很少，其来源、特点等都不清楚，情绪的好坏只是跟着感觉走。变化大说的是一点小事就会引起孩子心理和情绪的极大变化。俗话说："六月的天，小孩的脸，说变就变。"说的正是小孩子的喜怒哀乐都挂在脸上，相互转换很快。而易受影响是指的孩子的心理发育尚未成熟，其形成发展容易受到外界因素的影响，如父母的情绪、同学的评论等，因此，如何让孩子在成长中真正了解自己的情绪，认识各种情绪给自己带来的利弊，成为家长必做的一项重要家教工作了。对此，专家提出了以下两个家教方式供家长参考。

1. 教孩子学会评价自己的情绪

家长可以和孩子一起讨论，并找来纸笔，教孩子先写下自己知道的与情绪相关的词语，如高兴、生气、内疚等，并能说出其代表的内容。然后，家长和孩子讨论这种情绪会给自己带来什么好处和坏处，如生气后头晕、手心出汗、心里还很难受等。

然后，家长和孩子一起寻找这些情绪产生的来源，如为什么别人说自己坏话自己会生气呢？找到原因后，家长再和孩子一起议论因为这样的小事生气值得吗？孩子了解到自己不同的情绪带来的不同后果，在心里就会产生"这种情绪不好、这种情绪好"的印象。在日后的生活中，家长经常关注并提醒孩子，孩子慢慢就会对不良情绪产生排斥感，对良性情绪更亲近。

2. 让孩子知道情绪的作用是可以转换的

花花最好的"朋友"是一只叫咪咪的小猫，每天一放学，她就会和咪咪腻在一起，一人一猫一起玩、一起闹，开心得不得了。可是这两天，咪咪的精神有些不太好，总是无精打采地待在角落里，连每天最喜欢的晒太阳活动也不进行了。

问过妈妈后，才知道咪咪生病了，需要好好休息，让花花不要总是去打扰它。

花花听后，郑重地点点头，说："我不会去打扰它的。"

于是花花赶紧离得咪咪远远的，生怕吵到它。

"花花，咪咪过几天就会好的，你不用难过啊。"妈妈忍不住对花花说。

"可是，它现在一定很难受，生病很不舒服的。"花花望着咪咪，一脸的心疼。

妈妈却不想让花花总这么难过，于是对花花说："花花，你知不知道，其实，不好的情绪是可以转换成好情绪的。"

"嗯？"花花有些不明白妈妈的意思，但听了接下来的话后，逐渐明白了。

妈妈说："你现在伤心对咪咪也没用，但是如果你化难过为力量，支持咪咪，它的病会好得更快的。"

"真的吗？"花花激动地问。

妈妈点点头，花花马上说："那我现在就化……为力量！可是，怎么支持它呢？"

"你可以多告诉它一些你感到快乐的事情，快乐是会传递的，当它感受到你的快乐时，心情就会变好，病也会减轻的。另外，你还要及时抱它去看医生，这才能真正帮助它。"

"哦，明白了，我会照做的，妈妈"听后花花高兴起来。

花花妈妈教女方法值得借鉴，她知道自己女儿喜欢小猫，通过小猫生病，妈妈巧妙地教育孩子学会将自己的不良情绪转为有益的行动，既能帮助到小猫，又能疏解不良情绪对孩子的伤害，更让孩子明白一个道理：遇到坏事或不好的情绪时，可以用别的方法把它变成有利的事情！

帮孩子制定法则，逐级管理不良情绪

志宏是个 12 岁的小男孩，爸爸疼妈妈爱，但志宏总是喜欢乱发脾气，情绪一上来，就哭闹个不停，事后又觉得有愧，让爸爸妈妈又好气，又好笑。

今天，志宏又是在乱发脾气之后很后悔地来到妈妈身边，呜咽着扑进她的怀里，撅着小嘴说道："妈妈，我不是坏孩子。"

"哎……"妈妈先是叹了口气，然后对他说道："其实呢，你是个很好、很乖的孩子，只不过情绪不太稳定，如果你能用些方法管理一下自己的坏情绪，妈妈认为，你一定能成为一个更好的孩子。"

"管理情绪？怎么管？妈妈你快告诉我。"志宏像是抓住了救命稻草般，扑在妈妈怀里，撒娇道："我以后一定会做个更乖的好孩子，妈妈你快告诉我，怎么样我才能让自己不乱发脾气呢？"

"这个嘛，我们先来一起想一些能让你不乱发脾气的规矩，你觉得能做到的，咱们就记下来，等你再想乱发脾气的时候，你就拿出自己亲自立下的规矩看一看，自己的规矩总不能打破吧，这样你是不是就想遵守它呢？"

"好像是，那妈妈可以帮我一起立规矩吗？"志宏可怜兮兮地问。

"当然可以，我们现在就开始吧。"妈妈拿出纸笔，拉着志宏的手边说边进了书房。

孩子的年龄比较小，往往是心里想什么，脸上、嘴上、手上也会表现出什么，要不怎么说"小孩脾性"呢。专家认为，父母不能因为孩子还小就对他的不良情绪迁就，应想办法让孩子意识到自己的"坏"情绪也是需要管理的，要能自己控制自己的情绪和脾气。

在日常的生活点滴中，让孩子认识到自己的情绪的有好坏之分，有利弊之分，也能够让孩子转化自己的不良情绪。但是在实际生活中，这些方法还不够，这里我们介绍另一种帮孩子减轻不良情绪影响的方法：不良情绪逐级管理法则。它的意思是，父母要根据孩子的年龄特点，制定简单易行的法则，帮孩子逐步控制自己的情绪。具体来说，主要有以下四个步骤的内容。

1. 发火前先忍 3 分钟

这是第一步，也是最基础的一步。孩子在生气、愤怒时，往往很随性，即会随时发火，不讲场合不分时间。家长可以先和孩子约定，发火前先忍 3 分钟，然后看看自己的气能不能消。一般情况下，3 分钟后孩子的不良情绪就会消减大半，毕竟生活中孩子遇到的问题其实都不是什么大事。

2. 不骂人不打人

做好第一步后，家长可以告诉孩子：咱们进入下一步，不骂人不打人。孩子间的争执之所以会扩大化，往往在于双方都控制不住自己的脾性，从小摩擦到骂人再到动手。因此，这一步是孩子必须做到的。

3. 不乱扔乱摔东西

不打人不骂人后，家长还要教育孩子不能随意摔东西。破坏物品不仅会增加家里的经济负担，还是没有公德心的一种表现。

6 岁的珠珠总是心里想什么，就会在下一刻通过肢体语言表达出来。比如她觉得某个人很可恶时，就会伸出双手去推那个人；觉得眼前的东西碍事时，就会抬脚把它踢得远远的。总之，只要是不合她心意的东西，她不仅会在心里嘀咕，还会付诸行动，把坏脾气发出来。

有一次，珠珠把妈妈的新皮鞋给踢到了沙发底下，妈妈有些生气地对她说："你怎么不找个正当的方法把心里的不痛快发泄出来呢？总做些伤害别人的行为，会惹人讨厌的。"

"可我就是不知道该做什么才……"珠珠渐渐地低下了头,珠珠也知道自己的行为是不讨人喜欢的,但她不知道该怎么才能不伤害别人而把心里的坏情绪发泄出来。

当孩子有不良情绪时,一味压制也不是办法,这时,就要用到下一步"恰当表达情绪"了。

4. 恰当表达情绪

"妈妈帮你买套玩飞镖的东西怎么样?"妈妈理解珠珠的想法,提出了解决办法。

"那是男孩子玩的东西。"

"对了,玩橡皮泥怎么样?用力捏橡皮的时候,会把情绪发泄出来,而且还能做出很棒的作品,一举两得,怎么样?"

"挺好,那我们晚上就去买好不好?"珠珠也觉得这样不错,而且学校有不少同学也玩橡皮泥,这样一来,就可以互相切磋一下了,珠珠很高兴地答应了下来。

珠珠妈好的做法很值得借鉴:给孩子找橡皮泥等玩具供孩子发泄情绪,而且又不损坏物品。

教孩子遇事冷静理智

汪强6岁的儿子豆豆太淘气,太难管教,让爸爸妈妈十分头疼,每每看到儿子,汪强都会无能为力地说道:"儿子,你到底能不能听话点?"

儿子却完全不听这些话,反而一遇到事情,就会被情绪所左右,忽哭忽笑,爸爸妈妈都不知道拿他怎么办了。

这一天,妈妈做了豆豆最爱吃的蒸蛋,豆豆高兴地在妈妈脸上亲了一口,甜甜地说道:"妈妈,我最爱你了。"

"那就听话点，别让妈妈总伤心。"

"嗯嗯，我听话。"儿子拿勺子挖了一口送进嘴里，却没想到蛋还没凉，舌头被烫得生疼，豆豆哇的一声就哭了出来，"妈妈讨厌，最讨厌妈妈了。"

高兴了怎么都好说，不高兴了就闹人，妈妈一阵心烦，叉着腰立在儿子跟前，大声说："刚才不是还说会听话吗？现在哭什么？不准哭，听话的孩子都不哭。"

"不要，不要……"可儿子早忘了之前说过的话，越哭越伤心，最后竟然坐在地上打起滚来，妈妈气得真想揍豆豆一顿。

孩子的情绪化行为常常让家长们感到挠头：这孩子太难管了，遇点事儿就闹腾起来，虽然年纪小但也不能这么由着他来吧！是的，无论是六七岁的孩子，还是十来岁的孩子，他们都明白了些事理，有时候明知自己不应该情绪化闹脾气，但还是控制不了自己。

专家认为，家长需要对孩子加强冷静理智方面的教育。这种教育是孩子性格塑造中的"安全带"，能减少孩子的情绪化盲动行为，还能帮助孩子趋利避害，更好地保护自己。值得一提的是，当孩子尝试着以这种类似成人的眼光看问题时，会得出和父母相近的观点，这会让孩子产生"我长大一些了"的自豪感，对孩子的品性的塑造有很好的帮助。

那么，如何教孩子能遇事冷静理智，不再慌乱失态呢？这要分别从冷静、理智两个角度入手培养孩子。

1. 教孩子遇事冷静

骏骏是一名10岁的男生，最近他有些苦恼，经常面带愁容，一副没精打采的样子。

"儿子，你最近怎么了？很没精神啊。"爸爸也注意到了儿子的异样，周末的时候就抽出点时间，来到儿子房间，想和他谈谈心。

儿子先是回答没什么事，爸爸笑呵呵的坐到了他旁边，说道："没事咱们就谈谈心，爸爸很久没和你谈心了，有很多烦心事啊。"

"爸爸也有烦心事？"

"咦？你刚不是说没事吗？"

"我……"

"不相信爸爸吗？来和爸爸讲讲，好吗？"爸爸笑道。

儿子这才支支吾吾地说道："我最近，总是控制不住自己的情绪，好像经受不住打击，稍微有点挫折就开始乱发脾气了。"

"这样啊，那你要学着让自己冷静一点了，首先你要做到，遇事不惊。"

"遇事不惊？"

"对，不管遇到什么事情，先试着让自己平静下来，如果感觉控制不住自己的脾气，试着深呼吸几次看看，只要能让自己的情绪逐渐冷静下来，你的理智就会回来，这时候，就不那么容易生气发脾气了。"

"好像有些道理。"儿子托腮想了想，郑重地点了点头，说道："爸爸，谢谢你，下次再不开心的时候，我一定会试试您说的这个方法。"

"嗯，再有什么疑问随时可以来找爸爸谈谈，好吗？"

"嗯。一定！"看着儿子的脸上重新挂上了笑容，爸爸也就不再担心了，剩下的，就看儿子自己的了。

当骏骏遇到难题时，他的父亲通过婉转的方法引导孩子吐露了心声，然后教给孩子一个很实用的遇事冷静的方法：深呼吸，通过呼吸能改善孩子的生理应激反应，让孩子激动的情绪逐渐平稳下来。当然，还有不少方法也都能起到相同的效果，比如，先走开一会儿，脱离当时的环境，也有助于让自己冷静下来；心里默念"冷静冷静，我能冷静下来"，这种心理暗示方法效果也不错。

2. 理智分析事情，找出解决方法

家长应教给孩子，情绪平稳下来后，还要做第二步——找出面前难题的解答方法，解决掉这个问题，不但能提高孩子的自信心，激励他们迎难而上，还有助于他们以后遇事更加冷静沉着。不同的问题有不同的解决方

法，在刚开始时，家长可以和孩子一起去攻克难题，并及时总结经验，然后逐渐放手让孩子大胆尝试。

孩子自暴自弃怎么办

梁睿是一名初中二年级的男生，不仅长得帅气，学习成绩也是数一数二的，不管是在学校还是在家里，都备受瞩目。但是有次期中考试，不知道什么原因，小仁的成绩一落千丈，当爸爸看到他的成绩单时，狠狠地把成绩单摔在了地上。

"你最近都在干什么？我们辛辛苦苦供你上学，你就拿这样的成绩让我和你妈丢脸？从明天开始，你别出去玩了，什么时候成绩上来了，什么时候再说。"爸爸狠心地说道。

小睿的脸马上就变了色，眼里含着泪对爸爸说："爸，我不是故意的，下次我会考好的。"

"下次考好了再说。行了，就这么定了，明天开始我会亲自监督你的。"

"可我和同学约好了去打球……"

"成绩都成这样了，还打什么球啊，明天给我早点回来。"说完，爸爸便不再听小睿说话，扭头回了书房。

小睿觉得很委屈，他只是一时失利，怎么爸爸只看到他这次的坏成绩，而没想起他以前的好成绩呢？既然这样，还不如一直坏下去。

小睿开始赌气，看着爸爸离去的背影，心里下定了决心：明天照样去打球，以后，再也不认真学习了。

孩子进学校学习的阶段，他们不仅要面对课程学习的诸多任务，还要学着处理社会关系。因此，孩子的负担比较重，这个时候孩子常常希望父母能理解自己的困难，并及时给予指点，而不是一味地增加压力。故事中，小仁的爸爸虽然很关心他，很希望他能成才，可是他没有深入理解孩子的心理，采取了最为简单也最令孩子厌恶的教育方式——不问青红皂白，只要成绩不理想就要受到责难和惩罚。小睿爸爸的这种方式给孩子带来了更大的心理压力，最后导致孩子逆反心理倍增，干脆自暴自弃了事。

那么，当孩子的成绩下降，没有达到家长的心愿时，作为成人的家长应该如何面对这种情况呢？儿童教育专家建议，首先，家长应摒弃粗暴对待孩子的行为，其次，家长在日常生活中也不宜给孩子过多的压力，应把教育的重点放在保持孩子的求知欲上。

1. 不要用粗暴的态度对待孩子

当孩子成绩不理想时，家长感到自己的期望落空了，往往会批评孩子，或者言语苛责，或者采取其他惩罚措施，在父母看来，"孩子不打不成器"，给予严厉的管教才能让孩子听话好好学习。但事实往往与之相反，上文中小仁的事例已经说明这种方式的无效性了。更为严重的是，当家长习惯采用这种方式教育孩子时，孩子受其影响，性格也会变得暴躁、不讲理，不利于其健康性格的塑造。因此，为了"望子成龙"，家长也要放弃这种粗暴的教育方式，而采用更容易为孩子所接受，收效更显著的方法。

2. 给孩子压力不如保持孩子的学习愿望

小学一年级的时候，老师告诉妍妍妈，妍妍很有美术天赋。从那时候起，妈妈就开始让女儿妍妍学习画画，各种画画班报了个遍，只希望女儿能早日成才，成为一名优秀的、出名的画家。

如今，妍妍学画画也有好几年了，身为初中生的她，不仅要面对紧张的学习压力，还要背负着妈妈对她画画的期望，桐桐感觉活得太累了。

"妍妍，明天就要参加比赛了，妈妈相信你一定能拿下第一名的，加油。"妈妈让妍妍参加了一个挺有名的美术比赛，明天就是比赛的日子了，临睡前，妈妈来到她的房间，对她鼓励了一番。

"比我画得好的人有好多，能得个优秀奖，我就知足了。"

"这怎么能行呢。"妈妈听了她说的话,显得十分生气,很坚决地对妍妍说道:"必须拿下第一名,要不然你这些年的画都白学了。得不了第一名,干脆就不要学了。"

妍妍早就受够了学习和画画的双重压力,现在听到妈妈这样说,干脆自暴自弃地把正在收拾的画板往地上一扔,喊道:"不学就不学,我早就不想学了。

说完,就躺到床上把自己蒙到了被子里,任妈妈在房间里训来训去。而第二天,她果真没有去参加比赛,以后的日子里,不仅不再画画了,连学习也不认真起来,让父母十分生气。

现在的独生子女家庭里,孩子受到父辈和祖辈的多重呵护,也往往承载着他们多人的心愿:都希望孩子能够成才,小时候是天才,成年后是大人物最理想了。但家长应能理解,理想和现实毕竟不是一回事儿,不能把自己的希望天天挂在嘴边,给孩子的精神带来沉重的压力。有道是:希望越大失望越大。故事中妍妍的反应就是这样,压力太大,老妈的安排太绝对,妍妍干脆完全不配合了。对于妍妍妈来说,与其这样让孩子不胜其烦,不如不唠叨这些,不做这些强硬的安排,给孩子自由发挥的空间,让她一直对绘画、学习抱有浓厚的兴趣,不用家长催促,就会主动去学习,说不定桐桐能画得更好。

给孩子一个发泄情绪的机会

元旦的时候,媛媛妈请了几个好朋友来家里吃饭,几家人拖家带口热热闹闹地聚在一起,整个家里充满了欢声笑语,直到夜幕降临,朋友们才相继离去。

收拾完家里的残羹剩饭,妈妈准备哄祺祺睡觉时,却发现她闷闷地坐在沙发的角落里,撅着嘴似乎在生闷气。

"媛媛，你这是怎么了？"

"妈妈是坏人。"媛媛莫名其妙地哭了起来，"呜……你们，都是坏人。"

"媛媛这是怎么了？"妈妈扭头去问身后的祺祺媛媛爸，爸爸摇摇头，表示不知道，还很不客气地说道："准是闹脾气呢，别理她，小小年纪就这么大的脾气，都是惯出来的。"

"哇……爸爸也是坏人！"听到这话的祺祺哭得更伤心了，哭着哭着，竟然还在沙发上打起滚来。

媛媛爸忙了一天，现在早累得想发火了，看见女儿这样胡闹，不管三七二十一，一巴掌就打在了她的屁股上，并吼道："快去睡觉，不准哭。"

"还没问清楚原因呢，你怎么就动手打孩子了，去去去，你回屋睡觉去吧。"妈妈生气地把爸爸赶回了卧室，然后抱着媛媛哄了半天，才听媛媛说："他们说我长得又丑又矮，我很生气，可不知道该气谁。"

孩子的心理是脆弱而敏感的，他们会为喂鸽子吃食而兴奋，也会因为周围小朋友的一句贬损的话而伤心，也正因此，其情绪才会变化多端，让家长有种应付不及的感觉。如果赶上家长正在忙或烦心，孩子还可能再受到一顿批评。生活中，家长的情绪也有起起落落的时候，更何况孩子呢？因此，家长应及时了解孩子情绪变化的原因，对症下药才能收到事半功倍之效。更要注意的是，孩子还小，即使家长教会孩子管理自己的不良情绪，也很难立竿见影，还需要家长帮助孩子找到合适的情绪宣泄口，即给孩子一个发泄情绪的机会。

1. 理解孩子的心情

媛媛妈听后，才知道原来是今天吃饭的时候，小伙伴们的话伤到了她。在知道真相后，轻轻地拍着她的背，温柔地说道："宝贝不知道向谁发火，就朝妈妈发火吧，妈妈来当媛媛的出气筒，怎么样？"

"不要。"媛媛突然一把抱住妈妈的脖子，一脸心疼地说道："我不要妈妈伤心难过。"

知女莫若母，媛媛妈把丈夫赶一边去后，用自己的耐心和亲情化解了媛媛的烦恼。媛媛妈理解孩子的做法，让孩子的紧张、不满情绪得到极大的疏解，而孩子也会更感激妈妈，母子关系更加融洽。

2. 允许孩子适当发脾气

当孩子心里真有不痛快时，家长也可以让孩子痛痛快快地发泄一次，当然前提是不能骂人伤人也不能毁坏物品。让孩子能发泄脾气的方式有很多，比如大喊大叫几声，拿市面上流行的发泄球、拳击球出气都是不错的办法。

3. 转移孩子注意力，制造其他"兴趣"

李玥最近发现儿子的情绪有些不对劲，总是莫名其妙地和身边的人闹别扭，好像心里有什么东西，想发泄又找不到发泄的地方。

李玥怕儿子真的遇到什么难题了，就在这天晚上把儿子叫到了身边，问他："儿子，你最近怎么了？好像脾气很不好。"

"没什么。"儿子撅着嘴，把脸撇到了一边，明显是有什么事。

"不要对妈妈说谎，你告诉妈妈发生了什么事，妈妈帮你出出主意，好吗？"

"妈妈也帮不了我的。"儿子一时着急，吐出了真言。

妈妈微笑着对儿子说："还是有什么事儿吧。妈妈会认真听的，告诉妈妈好不好？"

"学校里……"儿子沉默了一会儿，终于开口了，"不开心。"

"这样啊，那我们就想点开心的事情怎么样？"妈妈提议，"想一想，学校里发生的开心事，说不定，就能让你忘记那些不开心的事情啊。"

"真的吗？"儿子终于像找到了救命草一样，眨着眼睛问道。

妈妈点点头，说："当然是真的，妈妈不开心的时候，就会想一些开心的事情，这样，心情就会好多了。"

儿子听完，开心地点了点头，对她说："那我和妈妈讲一讲学校里好玩的事情，好不好？"

"当然好，妈妈会认真听你说的。"妈妈重重地点点头，心里暗笑：终于把你的不良情绪转移了吧。

李玥在和孩子的交流中，巧妙地转移了孩子的注意力，这就将孩子的不良情绪消解不少，更重要的是，艾米教会了孩子应对自己不良情绪的方法：多想想令人快乐的事情，把坏事忘掉。

改变孩子性格急躁的缺点

这一天，8岁的男孩滨滨抱着一本童话书找爸爸和妈妈，拉拉妈妈的衣角说道："妈妈，你帮我读读这个故事吧。"

不过妈妈正忙着厨房里的饭菜，根本没有时间去理滨滨。滨滨见妈妈没理自己，有些委屈，便走到了爸爸身边，小声说道："爸爸，你给我讲讲这个故事吧。"

爸爸正在考虑公司的工作，根本没时间听儿子说话，便对滨滨说："儿子别闹，爸爸正在想很重要的一件事，晚上再陪你玩啊。"

滨滨见爸爸妈妈忽略了自己的存在，马上急躁地跺起脚来，对爸爸妈妈吼道："你们不爱我了，连故事都不给我讲，再也不理你们了。"

爸爸妈妈一见这情况，马上停下了手里的事情，纷纷来哄滨滨，要给他讲故事。

这样的情形又发生了几次后，爸爸妈妈发现，只要滨滨的要求没有马上得到满足，他就开始哭闹，还总爱扔东西，脾气显得十分急躁。爸爸妈妈真不知该如何是好了。

后来，在一次同学聚会中，滨滨的爸爸妈妈了解到，孩子性格急躁，其实和父母有很大的关系。

滨滨的爸爸妈妈这才想起来，他们在日常生活中，确实有那么一两次，在滨滨面前急躁地吵过架。原来是自己的坏形象影响了孩子辨别是非的能力，才使立滨滨逐渐养成了遇事急躁的性格，一遇到不如意的事情，就会哭闹个不停。

这可怎么办呢？滨滨的父母无助地看向对方，心里很是郁闷。

人们常说："看这父子（母女）俩，真像是一个模子里刻出来的。"说的就是孩子不但在外貌上和家长相像，往往在性格和为人处世方面也比较像，让人一眼就看出是一家子来。但是，这并不是绝对的，在现实中也有不少孩子急躁但家长性格温和的情况。究其原因，是孩子在性格成长期，所受到的教育所致。

故事中，滨滨在性格形成期逐渐出现了做事急躁、没有耐心的缺点，这让其父母很是郁闷：大人的好处没有学到多少，偶尔的缺点却学了个正着，愁煞人了。是的，滨滨爸妈的性格还是比较稳重的，但他们在日常生活中，忽略了孩子的感受，而孩子的分辨是非的能力又比较低，就把爸妈急躁争执的样子学了来，当自己不顺心时就拿来用。当然，解铃还须系铃人，要想改变孩子这种急躁的不良性格，还需要家长考虑到孩子的实际情况，在日常生活中，既能给孩子做个好榜样，又能时时关注孩子的心理变化，及时和孩子沟通，帮助他提高对事物的正确理解能力。

1. 家长以身作则，做事不急躁

父母是孩子的第一任老师，也是孩子最亲近的人，这点是任何学校的老师都无法代替的。

因此，想让孩子有良好的品性，就要家长首先能以身作则，无论做什么事情都不能急躁，更不能因急躁而上火发脾气。即使有时偶尔出现这种情况时，家长也要及时和孩子说："爸爸这样做是不对的，不能学爸爸这点哦。"让孩子从心理上认识到，急躁的性格是不好的，不应该学。

2. 让孩子明白：很多事情不以自己的想法为转移

有时候，孩子产生急躁的原因是没有耐心，他希望自己想要的东西马上就能出现在眼前，希望自己想做的事情立刻就能做成，想法落空后产生的不良情绪，却没有意识到这个世界并不是围绕自己转的。对此，家长应及时告诉孩子这样的道理：任何事情都有自己的特点，无论是要什么东西，还是做什么事情，它们都有自己的时间性，我们强行要求也是不管用的。

越早让孩子明白这样的道理，孩子日后就越少出现急躁的性格。

3. 教孩子在做事前先检查一遍准备工作

孩子年龄小，本就是性子不稳重的时候，当他们打算做什么事情时，往往将其过程和难度想得过于简单，只记着做成后的好处与快乐，自然会表现出急不可耐的样子。但是，孩子越有这样的心理，越会出错，以至愿望落空。受到这样的打击，则心里更为急躁。因此，家长可根据孩子的这个特点，教他这样一种方法：无论打算做什么事情，在做之前都要检查一遍准备工作，再思考下自己打算怎么做。久而久之，孩子就会养成准备周密、做事稳妥的性格。

让孩子在谦虚中不断进步

9岁的露露是个很有音乐天赋的女孩，歌唱得好，钢琴也弹得非常棒，凡是听过她唱歌、看过她弹琴的人，无一不对其大加赞赏。

很长一段时间里，妈妈带露露外出或去别人家做客，常常会听到许多赞美女儿的话。

"你女儿真聪明，将来肯定是个艺术家！"

"哇，你女儿太漂亮了，还这么有才华！"

"你家女儿真棒，真让人羡慕，要是我也有这样一个女儿就好了！"

"真是百闻不如一见，你女儿果然多才多艺，你真是好福气啊！"

听到这样的话，露露的妈妈心里当然是美滋滋的。可她没想到，在过多的表扬声中，露露竟渐渐骄傲起来，越来越不懂得谦虚，有点得意忘形，有时还刻意贬低别人。

一次，露露去上钢琴课，有个同学因进步比较快，被老师表扬了。回家之后，露露就一脸蔑视地说："她弹得那么烂，我都快听不下去了，老师居然还说她进步快，真不知道老师是怎么想的。"

"谦虚使人进步，骄傲使人落后"，露露的妈妈很清楚这一点。所以，她决定想办法改变露露骄傲自满的心态，让她明白只有谦虚谨慎的人，才能看清自己，看清别人，并博采众长，"百尺竿头"更进一步。

爱因斯坦一生都在不断学习、研究，他坚持活到老学到老。后来有位年轻人问他："您老已经取得如此巨大的成就，何必还要孜孜不倦地学习呢？"爱因斯坦没有直接回答年轻人，而是拿笔画了一个大圆和小圆，并告诉他："科学知识是无边无际的。目前我所知的可能比你略多一点，正如我是这个大圆，你是这个小圆。小圆的周长小，接触未知领域的面积就小，自己能感受到未知事物的范围小；而大圆与外界的接触面很大，所以会感到自己未知的东西更多，会更努力去探索。"

作为20世纪世界上最伟大的科学家之一，爱因斯坦由始至终都拥有虚怀若谷的胸怀和谦虚谨慎的美德。那么，正处在成长阶段的孩子，有何理由在面对未知的广阔世界时骄傲自满、趾高气扬？

不过，在孩子还不够成熟，认识世界的能力和自我控制能力都比较差的时候，要让孩子学会谦虚做人，家长就该承担起更多的责任，想方设法防范孩子产生骄傲情绪。生活中，家长可以从以下方面入手培养孩子谦虚谨慎的品质：

1. 让孩子认识到骄傲自满的危害

骄傲之人往往听不进别人对其有益的劝告，也不愿意接受别人友好的帮助，且大多数情况下，他们只欣赏自己，对许多事物都会失去客观评价的标准。

所以，平时生活中，家长要通过讲故事或身边人的事例，告诉孩子"骄傲"会严重阻碍自己继续前进的步伐。

2. 对孩子的表扬要适可而止

家长表扬孩子，这本身没有错。但有时，孩子受到周围人过多的表扬，很可能会渐渐产生骄傲情绪。所以，孩子成长的过程中，家长应把握好表扬孩子的"度"，应实事求是地给予其正确的评价。在这方面，"天才"卡尔·威特的父亲老威特的教育方法值得借鉴。

老威特曾告诫世人不要过多地表扬孩子，否则就失去了表扬的意义。小威特到8岁时已掌握德语、法语、拉丁语、希腊语等6种语言，还通晓动物学、植物学、物理学、化学等多种学科。可是，在他成长的过程中，老威特从不过分表扬他，取得好成绩，老威特会说"啊，不错"，做了好事，他会说"做得好，上帝一定会很高兴的"。家里来的客人要夸小威特时，老威特总是把他支出屋子不让他听，因为别人的赞扬不一定出于真心实意，有时只是说些奉承话。慢慢地，小威特自己也能理性对待别人对他的评价，也因为这样，他一步步取得了更好的成绩。

3. 让孩子虚心接受别人善意的批评建议

当局者迷，旁观者清，很多时候，孩子对自己的缺点和不足，都没有一个客观、清晰的了解。这时，家长应鼓励孩子虚心接受别人善意的批评建议，告诉孩子只有这样，才能更清楚地了解自己，进而不断充实和完善自己，以取得更大进步。

平时生活中，家长可以经常和孩子一起分析名人的成功之道，引导孩子意识到凡有所作为者，无一不是谦虚谨慎的人。

帮孩子克服偏激的心理

7岁的男孩小志时比较乖巧,但遇到不如意的事情,他往往会用偏激的方法来处理。

小志喜欢吃甜食,有几次,他想在饭后吃很甜、热量高的点心。但出于健康的考虑,妈妈不允许他吃。这时,他会听妈妈的话,不吃甜食,可过后他会小声说:"不让我吃,我要把它扔到地上踩扁。"

妈妈以为小志只是说气话,不敢真的把点心踩扁。可没想到,妈妈一不留神,小志就真的那样做了。后来,妈妈再听到小志说类似的话,就会立即严令禁止他采取行动。可扔食物的行为被禁止后,小志又会把家里的剪刀、电池、烟灰缸、毛巾等丢进垃圾桶。

不仅如此,有时小志的一些要求不太合理,爸爸妈妈不答应他,他就会生气地用自己的头撞墙,任谁都没办法劝服。爸妈不知道小志为什么会变得这么偏激,容易走极端。他们越来越担心,不知道该用什么方法帮孩子克服偏激心理。

生活中,有些孩子凡事爱走极端,跟人交谈时容易"抬杠",动不动就争论得脸红脖子粗,这些都是其偏激心理的表现。

一般来说,孩子的偏激心理会表现在三个方面:对待事物的认识上、个人情绪变化方面以及为人处世时的各种行为中。偏激的人往往是自负的,自我评价过高,常常固执己见,并戴着有色眼镜看待别人或别的事物,喜欢挑别人的"刺",且容易怨天尤人,只求回报,不计付出;偏激的人往往会以个人好恶或凭一时之气来论人论物,很容易表现出暴躁、易怒等情绪特点;偏激的人在行为上也表现得莽撞冲动,常常会采取暴力措施解决某些问题,如在朋友受"欺负"时二话不说就站出来帮他打架,还将此视为"讲义气"。

总之，偏激的孩子很难正确对待身边的人和事，很难和别人友好相处，这会对其成长和未来发展造成许多危害。有些行为十分偏激的孩子，甚至为此付出了生命的代价。因此，孩子成长的过程中，家长要尽早采取措施预防或消除其偏激心理，具体方法可参考以下几种：

1. 要尊重但不过分迁就孩子

生活中，如果家长总以一个"权威者"的身份教育孩子，不尊重孩子的意见和想法，不管他的要求是否合理，都一味地否决，并强迫他做自己并不喜欢的事，长此以往，孩子就会产生各种不满情绪及对抗心理。而孩子的知识经验和处理问题的能力有限，要对抗家长，他们或许只能冒险走极端。

另外，当孩子提出一些不合理要求时，家长若因过分溺爱孩子而无条件地满足其要求，过分迁就孩子，久而久之，孩子也会变得自私任性、偏激固执。

所以，要保证孩子身心的健康发展，家长要注意尊重孩子，要适当满足孩子的一些合理需求。而对孩子的不合理要求，家长也应严词拒绝，并心平气和地向孩子阐述理由，让他也试着理解家长。

2. 教孩子学会自我疗法

生活中，孩子时常会遇到一些不如意的事。这时，偏激的孩子很容易走极端，对世间的一切都失去信心与希望，或采取一些非常手段发泄自己的情绪。

例如，某次考试的成绩不理想，有些孩子会说"考砸了，以后没什么希望了"，有些孩子可能会说"考这么差，再也不想上学了"，有些孩子还可能会生气地撕了试卷、扔了所有学习用品；某个孩子被同学欺骗了，他可能会说"世上没有一个好人，看来我只能相信自己"，也可能会将此看做自己的耻辱，并下决心打击、报复那个欺骗他的人。

孩子产生这类想法或行为，家长千万不能置之不理，而是要及时帮助孩子分析问题，帮他消除各种不合理观念。具体来说，家长可以告诉孩子：一次考试的成败不能说明太多问题，这次考得不好，以后继续努力，吸取教训，就一定能取得更好的成绩；某某骗了你，这是他不对，但真正关心你、爱护你的人还有很多。

家长时常教孩子用这种积极乐观的心态对待周围的人和事，渐渐的，当孩子遇到其他不如意之事时，就会先试着客观地分析问题，并用一颗宽容、豁达的心待人处世。

3. 鼓励孩子多与周围人交流沟通

人与人之间出现嫌隙或矛盾，良好的沟通是解决问题的一个最重要途径。

平时生活中，家长应鼓励孩子多参加集体活动，让他体验交友的乐趣，并在这个过程中更多地接触社会生活，丰富自己的知识和阅历，如经常带孩子外出旅行、参观博物馆、到少年宫参加有益的社交活动等。这样，孩子认识世界、分析问题的能力会逐渐提高，在面对周围的一些人或事时会变得更加理性，会冷静地与人交流沟通，以寻求解决问题的最佳方案。

第七章

克服同龄弱点,让孩子变得更优秀

阳光未来丛书
培养孩子好性格赢在起跑线

YANGGUANG WEILAI CONGSHU
PEIYANG HAIZI HAOXINGGE YINGZI QIPAOXIAN

让孩子学会果断处事

9岁的小茜是个乖巧懂事的女孩，家长、老师和同学们都很喜欢她。可是，小茜有一个缺点，就是比较优柔寡断，遇事总拿不定主意。以前，爸妈并不是很在意这个问题，觉得女孩性子柔和，做事不够果断实属正常。但后来，小茜越来越优柔寡断，考试成绩开始持续下降。究其原因，是她对自己的答案没有把握，想到一个问题的答案后又很迟疑，总是犹豫着要不要这样答，结果浪费了很多时间，考试结束时她还没有答完题。有时，小茜写下一个问题的答案后又会对其产生质疑，总觉得这个答案不对，于是就翻来覆去地改。结果，一些原本正确的答案倒被她改成错的了。渐渐地，爸妈觉得小茜必须试着改变她优柔寡断、瞻前顾后的处事方式，否则她将来会因此吃更多亏。

人的一生中，只有果断把握住机会，才有可能品尝到更多成功的果实。但现实生活中，很多人从小就缺乏果断行事的处事风格，他们时常因自己的犹豫不决、瞻前顾后、优柔寡断等错过许多机会。

小孩子处事不够果断，往往表现为因害怕自己做不好某件事而拖拖拉拉，或因对某事拿不定主意而迟疑，不敢大胆作出决定等。孩子之所以如此，主要原因有两种：一是家长过于溺爱，使孩子的依赖性增强，遇事总拿不定主意，常常寄希望于来自别人的帮助；二是家长对孩子的期望值过高，在不满意其表现时多批评、少赞许，导致孩子缺乏自信，做起事来畏首畏尾，犹豫不决。

果断的性格对孩子日后的成功起着十分重要的作用。所以，在孩子成长的过程中，家长应积极履行其责任，尽早想办法创造条件，让孩子慢慢学会果断处事。具体而言，家长可采取以下方法培养孩子果断的性格。

1. 鼓励孩子独立完成自己的事

为解决孩子的依赖性，家长可以尽早让孩子独立完成生活中一些力所能及的事，比如让孩子自己洗衣服、整理房间、照顾小动物等。只要是孩子能做到的事，家长最好不要插手，留给孩子足够的时间去思考、体验。这样，孩子就能渐渐发现自己的能力所在，会对自己更加有信心，之后做起事来会更加果断。

2. 孩子独立做某事时，家长要多鼓励、少批评

爸爸："儿子，昨天妈妈让你洗的衣服洗了吗？"

男孩："洗了。"

爸爸："一会儿我们要去参加你表妹的生日聚会，你去换上洗过的那件衣服吧。"

男孩："可是……不行啊，爸爸！"

爸爸："怎么了？还没晾干吗？"

男孩："不是。我好像没洗干净。"

爸爸："哦，那没关系，爸爸小时候也常常这样的。以后继续努力，争取洗得干净些就好！"

家长的正确评价，可减轻孩子的心理负担，使孩子能在下一次做事时果断作出决策，并有信心做得更好。相反，如果孩子认真做了却没有做好某件事，家长立即批评、指责孩子，那孩子今后会更加害怕做这件事。

3. 必要时对孩子施以援手

有时家长让孩子做孩子从未做过的或难度较大的事，孩子很可能会在一些困难面前变得犹豫不决，不知如何下手。这时，家长应给予孩子适当的帮助，让孩子学一些克服困难的基本方法和技巧。当孩子学到处理问题的具体方法并有了一些实践经验，今后再做类似的事，孩子自然不会再犹豫不决、不知所措。

何女士给了女儿倩倩 100 元钱,让她去超市买些生活用品。可 8 岁的倩倩从没独自逛过超市,在繁多的货物面前,她挑来挑去拿不定主意。一个多小时后,她还在超市里转个不停,却没有挑好一样东西。后来,何女士跑来超市找她,看她什么东西都没买到,就从包里拿出纸笔,列了张清单,然后告诉倩倩她们需要些什么,每一样东西大概要花多少钱等。有了这张清单及何女士的提醒,倩倩挑选货物效率就大大提高了。自那以后,她便学会了有计划、有安排地购物或做其他事,且做事时越来越果断,不再像以前那样盲目、迟疑。

另外,家长帮助孩子时不一定要有实际的行动,可以通过制订具体、明确的处事计划、方案等来提供帮助。

4. 给孩子创造自己拿主意的机会

家长应该尽量为孩子创造自己选择、自己做主的机会,如在买衣服时,家长可以选定价格合适的几件衣服,而到底买哪种花色、款式的,则由孩子自己拿主意。长此以往,孩子会渐渐懂得在权衡利弊后作出最佳选择。

让孩子心无旁骛地专注做事

爱默生说,全心贯注于你所期望的事物上,必有收获。此话是告诉人们,心无旁骛地专注做事,成功的可能性会很大。

美国大教育家、哲学家、心理学家、科学家和发明家埃玛·盖茨博士,一生中获得了无数的研究成果,他把这个世界变成了更理想的生活所在。而他之所以有如此大的成就,靠的就是"专注"。

一次,拿破仑·希尔去实验室找盖茨博士,结果秘书告诉他:"很抱歉,现在你还不能见盖茨博士。"希尔问为什么,秘书说盖茨博士正在静坐冥想。这时,希尔好奇道:"为什么要静坐冥想?"秘书笑了笑,然后告诉希尔:"这个问题还是请博士亲自解释吧,我可以帮你再约个时间。"

几天后,希尔准时赴约,盖茨博士带他来到一间隔音效果极好的房间,里面的陈设非常简单,只有一张桌子和一把椅子,桌上有几张白纸、几支铅笔和开关电灯的按钮。盖茨博士告诉希尔,每次当他遇到难题时,他就会走进这间房子,关上房门和电灯,在漆黑的空间里开始集中心神思索,这就是可以集中注意力的静坐冥想法。在专注思考的过程中,有时灵感会突然出现,盖茨博士就会立即开灯拿笔记下来。

一个人的精力是有限的,把有限的精力分散在好几件事情上,这是很不明智的行为,只有专注,才能有所收获。

然而,现实中很多孩子从小就缺乏专注做事的耐心,时常漫不经心,做事有头无尾或三天打鱼,两天晒网。面对这样的孩子,家长如果不及早注意纠正孩子的坏习惯,孩子最终可能会一事无成。那么,家长到底怎样做才能帮孩子养成专注做事的好习惯呢?

1. 让孩子明确自己的任务和目的

在要求孩子做某件事时,家长要明确告诉孩子,做这件事的目的是什么,能获得哪些收益等。当孩子了解清楚自己的任务和目的后,孩子就会有一定的责任感和自觉性,做起事来注意力会比较集中。

比如,在孩子写作业时,家长可要求孩子在一定的时间内集中注意力,保质保量地完成作业,并告诉孩子完成作业和没有完成的两种后果。而在孩子写作业时,家长若发现其作业量过多,完成作业所需时间超过了孩子能集中注意力的时间,就应把作业分成几部分,让孩子一部分一部分地认真完成,期间可以让孩子稍事休息或痛痛快快地玩一会儿。这样张弛有度,孩子的大脑就能得到充分休息,学习的效率会更高。

另外,家长可以不定期地对孩子正在做的事情进行检查,并多加鼓励,这样也能督促孩子更加集中精力、专心致志地完成任务。

2. 帮孩子排除内外干扰

帮孩子排除内部干扰，指的是家长应督促孩子多进行体育运动，并保证充足的睡眠，帮孩子将身体调整到最佳状态，以避免用脑过度及身体过于疲累。

孩子做事不够专注，有时是因为受到了周围嘈杂、纷乱的环境的影响。所以，在孩子学习或做其他事情时，家长应注意帮其营造一个安静的氛围，比如孩子专心学习时，家长最好不要在其身边大声说话，或收拾孩子的房间等。

3. 让孩子每次只想、只做一件事

8岁的男孩孙晓伟时比较活泼好动，有时做起事来会三心二意，最后哪一件事都没有做好。但晓伟的爸妈很清楚，注意力涣散是孩子学习及做其他事的最大"敌人"。于是，他们决定想办法培养晓伟的专注精神。

一次，爸妈故意交给晓伟很多任务，包括写作文、画画、做手工小制作、背诗词及整理自己衣柜等。晓伟一听这么多任务就慌了，最后将这些事做得一塌糊涂。他写作文写到一半就去画画，还没画好又想着背诗词比较慢，就先去背诗词，一会儿又没办法集中精力了，就去整理衣柜……

折腾一天后，晓伟累坏了，却没有很好地完成任何一项任务。这时，爸妈告诉晓伟，要想把这些事都做好，最好的方法就是每次只专注地做好一件事，比如写作文时就千万不要想其他事该怎么办，认真写好作文后再挑另外一件事去做。第二天，晓伟依爸妈所言，在一段时间里只认真做好一件事，结果半天之内，他就顺利完成了所有任务。

无论是在学习还是生活上，孩子每天可能都要做很多事情，这就难免在做这件事时想着另一件事，最后什么都做不好，还养成了三心二意、注意力涣散的毛病。所以，在孩子有较多任务时，家长应该要求孩子在某一段时间里只做好一件事情。

帮孩子克服做事拖拉的毛病

10岁的俊俊学习成绩比较优秀,也很听话,是家长和老师眼中的乖孩子。可是,这个乖孩子也不是没有缺点的。

不知从何时起,俊俊养成了做事拖拉、磨蹭的习惯,做什么事都比别的孩子慢。很多时候,老师留的课堂作业,其他同学都做完了,俊俊却没有完成,到家里还在做,有时到夜里12点才能做完。后来,俊俊的妈妈打电话给老师,问她有没有在学校里认真做作业,结果,老师说她在学校时也不怎么玩儿,一直在课桌前学习,可就是不能快速完成作业。

不仅如此,俊俊在起床穿衣、洗脸刷牙、吃饭等各种生活细节上也表现得比较拖拉,早晨本来是很早起床的,却很晚才能到校,经常迟到。爸妈提醒她多次,也经常催促她加快速度,但都没起到太大作用。爸妈看到俊俊做事慢腾腾的样子,越来越着急,心想他们都是急性子,可俊俊为什么会如此磨蹭呢?

很多家长觉得孩子做事慢、爱拖拉并不是什么大毛病,可实际上,如果孩子没有养成做事麻利、有效率的好习惯,就很难适应这个"快时代"的发展步伐。

孩子做事拖拉、磨蹭,主要原因可能是:孩子缺乏时间观念和效率观念;家长平日对孩子的事大包大揽,导致其依赖性增强;孩子对正在做的一些事情没有兴趣,提不起精神;孩子易分心,常被周围其他东西所吸引而无法集中精力做好当前的事等。

看来,孩子做事拖拉的原因是多方面的,家长若想帮孩子改掉这个坏毛病,就得从多方面入手,选择合适的方法培养孩子做事麻利又高效的好习惯,以下几点建议可供家长们参考。

1. 让孩子学会与时间"赛跑"

在让孩子与时间"赛跑"之前，家长应先帮助孩子树立时间观念，让孩子认识到时间是世界上最珍贵的财富，失去了就再也找不回来。比如，家长可以给孩子讲一些名人珍惜时间最后取得成功的故事，或将有关珍惜时间的名言警句写成条幅挂在孩子的房间里等。

当孩子有了正确的时间观念后，家长可以为孩子设计一张时间表或完成任务的成绩表，在表上记录他开始做每一件事的时间、完成时的时间，每隔两三天总结一次。发现孩子有进步，做事效率有所提高后，家长要给予孩子的表扬和奖励；若没有进步，家长也不要斥责孩子，应该帮孩子找出原因，再考虑用其他方法来提高孩子的办事效率。

除此之外，家长还可以尝试用速度测定法，让孩子知道自己"可以更快"。例如，在家长可以记录某一段时间里孩子能做几道题、背几首诗词等，然后算算按这样的速度，孩子需要多长时间才能完成所有作业。

2. 让孩子自己承担做事拖拉造成的后果

在孩子拖拉、磨蹭的时候，家长要让孩子着急，而不是自己着急。比如，孩子早晨起床磨蹭，穿衣服、整理书包等的速度慢。这时，若家长急得不得了，赶忙帮孩子做这些事，还亲自骑自行车或开车送他去学校，孩子可能会觉得磨蹭一点没关系，反正有爸妈帮我。但如果，家长镇定地站在一旁，告诉孩子"再不快点就要迟到，我可帮不了你"之类的话，他或许会因意识到问题的严重性而加快速度。而即使这一次孩子继续拖拉，上学迟到挨了批评的他，就会认识到办事拖拉给自己带来的害处，之后便会自觉去克服这个坏毛病。

3. 充分利用家里的小闹钟

孩子身边的小闹钟可以对他起到督促作用，闹铃响起时，孩子容易产生紧迫感。所以，在孩子做某件事之前，家长可以帮他定上闹钟。这样，假如孩子做事拖拉，闹钟铃声响后还没有完成任务，那么这个铃声也能提醒他：你已经耽误很多时间了，不能再拖拉了。

4. 让孩子远离易使其分心的东西

有时，孩子做事拖拉、磨蹭，是因为被周围其他东西所吸引，像他喜爱的玩具、零食等。这时，家长应注意将这些东西先归置到另外的房间里，并告诉孩子，尽快做好该做的事后，他就能再次拥有这些东西。另外，孩子学习时，家长要注意帮其营造一个安静的氛围。如果一屋子的人在聊天、打麻将，或家长在一旁看电视、玩游戏，孩子又怎能不受干扰地专心学习呢？

当然，如果孩子抓紧时间、保质保量地完成了任务，剩下的时间，家长就应让孩子自己支配，让他想玩什么就玩什么。这样，孩子的身心会得以放松，之后做其他事的效率就会有所提高。

让孩子学会分轻重缓急

关于做事要分轻重缓急，有位杰出的时间管理专家曾做过一个试验：

在一次讲课时，这位专家将一个大陶罐放在讲桌上，然后将几块大石头放进罐子里。

待陶罐里已经装不下大石块后，他问同学们："这个罐子满了吗？"

同学们异口同声地答道："满了！"

"是吗？"专家笑了笑，然后又拿出一堆碎石子倒进罐中，再问，"现在罐子满了吗？"

这时，同学们迟疑了一下，有些人说"满了"，有些人默不作声，有些则低声说"可能没满"。

后来，专家又拿出一袋细沙，慢慢从罐口倒下去。倒完后，他继续问:"现在谁能说说,这个罐子是满了还是没满?"

这次,所有同学都信心满满地回答道:"还没满!"

"很好!"专家称赞过这些学生后,又拿起一瓶水灌进陶罐中。之后,他问:"从刚才的事情中我们能得出什么结论?"

同学们想了想,得出了"时间是可以挤出来的"结论。专家听后点了点头,但他告诉同学们,这并不是最主要的结论,他最想告诉大家的是:如果刚开始没有先将大石块放进陶罐里,那么以后就再也不能将它放进去了。

原来,专家要教给学生们的是,做事要分轻重缓急,要安排好顺序,否则就会手忙脚乱,到头来漏掉最重要、最紧急的事情。

生活中,当孩子渐渐开始独立的时候,常常会被各种琐事、杂事弄得心烦意乱,总是无法静下心来判断哪些是当前最该做的事,而哪些事是无关紧要或可以晚些时候再做的。这种情况下,孩子就很容易将事情搞砸。

另外,当孩子看到周围许多同学、朋友做这样那样的事,又得到了相应的好处时,他就会产生"我也想把样样事情都做好""我也想样样都拥有"的想法。可是,孩子拥有的时间、精力都是有限的,在许多事物面前,孩子必须有所取舍,有所为有所不为,若什么事都做,却什么都做不好、做不精,那他很可能会一事无成。

所以,孩子成长的过程中,家长应让孩子懂得分轻重缓急,让孩子先处理好重要的、紧急的大事,然后再考虑去做不太重要的小事。具体方法可参考以下两种。

1. 帮孩子将复杂的事情分类

很多时候,孩子做事不分轻重缓急,是因为孩子还不能对各种事物作出准确的判断,不知道哪些事是重要的、紧急的,哪些又是次要的、可暂缓处理的。这时,家长就要帮助孩子将这些复杂的事情进行分类,排列出轻重、缓急的程度,然后让孩子一件一件地去解决。

"妈妈,妈妈,明天我们去游乐场玩儿好不好?同学说那里新增了很多好玩的项目。"9 岁的男孩嘉男拉着妈妈的手说。

"可是，后天你要考试啊。"妈妈说。

"哦……好烦哦！我想好好考试，也想体验新的游乐项目，怎么办啊妈妈？"嘉男为难道。

于是，妈妈心平气和地说："妈妈觉得准备考试是最要紧的事！你想啊，万一你考砸了，成绩很差，爸妈都会不高兴。那么以后我们就没心情陪你去玩了，你肯定也会不开心，对吗？"

"对哦！那我还是先好好准备考试，我不想失去出去玩的机会，也不想让爸妈生气！"弄清事情轻重后的嘉男说。

一般来说，孩子学习、生活中的各种事情都可分为这样四类：重要且紧急的事；重要却不是很紧急的事；紧急但不太重要的事；不重要也不紧急的事。在教育孩子的过程中，家长应该引导孩子依这样的顺序来处理各项事宜。

2. 用一些小故事或身边人的事例启发孩子

有时，孩子做事杂乱无章，是因为孩子还没有意识到不分轻重缓急会造成哪些不良后果。因此，要让孩子轻松面对各种或急或缓、或轻或重的事情，家长就应让孩子知道做事不分轻重缓急的害处。为此，家长可以在平时生活中多讲一些相关的故事给孩子听，让孩子从中受到启发。例如这样的寓言故事：

有两个猎人一起去林中打猎，突然看到一只野兔向他们跑跳过来，其中一个猎人一边拿弓箭瞄准野兔，一边说："今天我们可以吃烤野兔了。"

这时，另外一个猎人说："不行，我要煮着吃，还能喝汤。"

"烤着吃香！"

"不，煮着吃！"

两个猎人争执不休。后来一位农夫走过，他劝道："其实你们不用争，把野兔分成两半，一半烤着吃，一半煮着吃，你们俩的意愿不就都达成了。"

两个猎人觉得农夫说得有理，这才准备放箭去射野兔，可这时，野兔早已逃之夭夭。

通过类似的故事，孩子或许就会明白，机会稍纵即逝，在机会面前要分清轻重缓急，若过多地分析、考虑自己得到机会，甚至获得成功后的状态，那就很可能会错失它。

培养孩子的成本意识

成本，是人们为做某事所要付出的代价。在既定条件下，成本越高意味着收益越低，成本越低收益就越高。所以，成本意识，就是说人们做任何事情时都应尽力节约成本，控制成本，花最小的代价获得最大收益。

"妈妈，为什么我们要坐快车，而不坐动车呢？快车要多坐两个小时啊。"在坐火车去北京看望爷爷奶奶的途中，8岁的女孩朵朵问妈妈。

妈妈回答道："我们也不需要赶时间，坐快车来回，能节约200多元钱呢。"

"哦……"朵朵似懂非懂地答道。

"朵朵啊，可不要小看这200元哦，它可以买的东西很多，比如我们可以给你买好几本书，可以多买几样玩具，还可以买很多吃的。你想想，别人花400元只能往返北京一次，而我们花400元，既能去北京，又能用节省下来的200元钱买书、玩具或食物，这多划算啊！"妈妈耐心地告诉朵朵。

朵朵听后仔细想了想，然后说："哦，妈妈，我明白了。花200元能做到的事，我们就不花400元去做，是这个意思吗？"

"嗯，没错，是这个理儿。朵朵真聪明！"妈妈笑着称赞道。

如今的孩子大多都生活在"蜜罐"里，家里有较好的经济条件，因此他们花钱时常大手大脚，不懂得节省，也不会考虑成本与收益的关系。

然而，现实生活中，每个人所拥有的资源是有限的，人们都想利用有限的资源争取到最大的收益。所以，家长若想让自己的孩子获得更大的成功，就应从小培养孩子的成本意识，让孩子学会用最小的代价去赢得最大收益。具体而言，家长可以从以下方面入手对孩子进行成本教育。

1. 让孩子清楚自己家庭的经济状况

其实，在孩子成长的过程中，家长不必忌讳提"钱"的问题，用正确的方式让孩子清楚自己家庭的资金状况，这可能会起到意想不到的效果。

但是，家长最好不要直接告诉孩子每月、每年的收入是多少，家里有多少存款等，而是应该委婉地向其说明：我们家的生活水平比有些家庭要好一些，但周围还有很多人比我们富有，所以我们要更加注意节省，并通过努力学习、努力工作赶上他们。这样既增强了孩子的家庭责任感，又能避免孩子与其他人进行攀比，可谓一举两得。

2. 让孩子体会到节约成本后的好处

鲁先生的儿子上初中时学习成绩一般，为此鲁先生经常请家教帮他补习，可到了初二末期，儿子的成绩仍没有太大进步。于是，鲁先生仔细思考之后，决定对其进行成本教育。他告诉儿子："如果你再加把劲儿，顺利考入重点高中，我们就能节省1万多元，到时候我们一家人就可以拿这1万多元好好旅游一趟。"听鲁先生这么一说，原本就很喜欢旅行的儿子终于"想通了"，开始下决心苦学。一年后，他以优异的成绩考入了市重点高中。这时，鲁先生也兑现承诺，用儿子"节省"的成本带他去旅行。

很多时候，当孩子亲身体验了一件事并从中获得收益后，孩子才会在今后的岁月里更加努力地做好这件事。

3. 对孩子进行理财的训练

孩子花钱大手大脚，不懂得节约成本、控制成本，很重要的一个原因是家长缺少对其进行理财教育。

平时生活中，家长不妨与孩子订立一份"零花钱合约"，在合约中写上家长每月或每星期给孩子多少零用钱，其中多少钱需用于购买书籍、文具等，多少钱需用于支付公交费，多少钱可自由支配等。每次合同到期后，若发现孩子透支，家长可将其下一个月或下一星期的零用钱数额减半；若孩子比较节俭，合同到期后还有一部分存款，家长就应奖励孩子。

另外，自孩子六七岁起，家长就应教孩子存钱，并让孩子学着看商品标签、比较价格。长期如此，孩子会渐渐学会货比三家，学会从打折、优惠品中挑选物美价廉的商品，以达到节约成本的目的。

4. 让孩子自己承担不计成本的后果

刚上高中的小璐每天都要坐公交车去学校，好在中午她在学校吃饭，所以一天只来回一趟，花两元钱的公交车费。可是，有一段时间，小璐早晨经常赖床，她必须打的上学才能保证不迟到，但出租车费由她自己承担，爸妈不会多给她零用钱。所以，那一个星期的时间里，她三天两头打的去学校，很快，她所有的钱都用完了，她想让爸妈再给她些零用钱，却被拒绝了。后来，小璐才意识到，多赖床一次，自己就要多付出许多经济代价，为了节省零花钱，她决定控制每天上学的"成本"，即减少赖床的次数以节省车费。

当孩子清楚了不计成本对自己造成的不良后果后，为趋利避害，孩子或许就会学着节约成本、控制成本。

培养孩子持之以恒的性格

在成长的过程中，孩子可能要学习多项技能，完成许多任务。一开始，孩子或许会因觉得新鲜而积极行动起来，但时间一长，许多孩子就会对此失去兴趣和耐心，要么虎头蛇尾，要么半途而废，无法持之以恒。

然而，对任何一个人来说，半途而废、有始无终，都是严重影响其学业、事业发展和进步的坏习惯。而许多名人之所以成功，就是因为他们有恒心、有毅力坚持下去。

古希腊哲学家柏拉图，从小就懂得做事要持之以恒，想站在金字塔的顶端，就必须坚持不懈去攀爬。

某个新学期开始的第一天，柏拉图的老师对班里所有学生说："今天我们只学一件最简单的事，就是甩手臂。"说完，老师向大家示范了一遍，然后问，"从今天开始，同学们每天都将这个动作做三次，能做到吗？"

看了老师示范的动作，学生们都窃窃私语道："这么简单，怎么可能做不到！"于是，大家异口同声地回答道："我们能做到！"

过了两个月，老师问学生们："有哪些同学还坚持每天甩手臂三次？请举手！"说完，班里一大半的同学都很自豪地举起了手。又过了两个月，老师又问同样的问题，结果只有不到一半的同学举手。

一年之后，老师再次问："现在，还有谁每天坚持做三次甩手臂的动作？"这时，全班只有一人举了手，他就是柏拉图。

生活中，我们时常会看到一些孩子做事没有恒心、半途而废，比如新学期开始，孩子会应家长、老师的要求为自己制订学习计划，最初一段时间，孩子还能完全照计划行事，可渐渐地，孩子就会有所松懈，甚至一提起原订计划中的学习任务就打退堂鼓。遇到类似的情况，没有几位家长不为孩子着急、担忧。那么，家长该如何做才能让孩子学会持之以恒呢？

1. 培养孩子的兴趣

孩子半途而废、无法坚持做好某事，很可能是因为他对此事根本没有兴趣，在"被迫"完成任务的过程中对其产生了厌恶感。所以，平时生活中，家长应注意培养孩子的兴趣，尽可能让孩子做自己喜欢的事。比如，在让孩子参加艺术培训时，家长不能依自己的喜好、他人的意见等要求孩子学习某种技艺，而是要听听孩子的想法，或通过让孩子适当体验几种艺术类型来发掘孩子的兴趣，然后再决定选择哪一种类型。当某一项活动能吸引住孩子时，孩子就有可能善始善终。

2. 帮孩子制订相对具体、可行的计划与目标

有些家长给孩子制订的计划不够具体，这让孩子不知该如何下手，即使自己开始摸索着去执行计划，当遇到困难时孩子也会失去耐心，无法坚持；有些家长给孩子定的目标太高，这会让孩子觉得心有余而力不足，使其自信心受到打击，之后孩子自然就无法持之以恒地去达成目标。

因此，家长要帮孩子制订相对具体的计划，让孩子在奋斗的过程中时刻都知道下一步应做什么、该怎样去做等。在这份计划中，家长给孩子定的目标应该是短期内可以实现的。当孩子实现一个目标后，成功的喜悦会激励孩子继续前进，为下一个目标不懈努力。

3. 在监督与鼓励中让孩子学会自我监督

毕竟是孩子，对许多事物的好坏还没有一定的辨别能力，自控能力也比较差。所以，家长应在孩子成长的过程中扮演好监督者角色，并适时给予其指导和鼓励。比如，家长可以在与孩子商量后确定某项事宜，然后让孩子独立完成这件事。这个过程中，家长可每天检查孩子完成此事的情况，并让孩子进行自我评价，如果孩子的表现良好，家长应给予表扬、奖励。

在让孩子进行自我评价时，家长可以制作一张"自我鉴定表"，让孩子认真填写一段时间内完成任务的情况，并定期将鉴定表交给老师，让老师表扬孩子的自觉行为，引导其纠正不良行为。

4. 家长的"身教"胜于"言传"

很多时候，家长的行为都是孩子效仿的对象。所以，要让孩子学会持之以恒，家长首先要有坚持的毅力，做事不能半途而废。否则，当家长要求孩子做某事时，孩子可能会说："你都做不到，凭什么这样要求我。"

另外，在孩子学习或执行其他计划时，家长最好腾出些时间多陪孩

子，让孩子感觉到无论何时都有人陪伴、支持他。比如，孩子学习时，家长可以在一旁陪读，为其营造一个学习型家庭的氛围。这样一来，孩子就不会有独自奋战的感觉，反而会有更多坚持的勇气。

让孩子学会先思考再做事

在山涧的溪流冲刷过的地方，有一块光洁、漂亮的大石头。一天，这块石头静静待在陡峭的山坡上，浏览着满山如画的风景，享受着遍野花草的清香。突然，它看到山坡下有一条鹅卵石铺成的小路，路面看起来是十分坚硬的，来往的人无不称赞"鹅卵石铺成的路真好"。这时，漂亮的大石头突发奇想，决定去山下小路，与那些鹅卵石兄弟们待在一起。

于是，这块大石头费尽心力地往山下滚动，花了好长时间才滚到那条小路的中间。可这是一条交通要道，行人、车辆都络绎不绝。停在路中间的大石块挡了大家的道，许多人从它身上踩过，车辆也在它身上来回地辗。结果，没过多久，曾经光洁、漂亮的大石头就成了任人践踏的废物，而且时常与灰尘、泥土甚至小动物的粪便做伴。它因此深受打击，从此便痛苦地仰头望着已离开的那个山坡。

山坡上美丽的大石头最终成为任人践踏的废物，是因为它在决定滚下山时并没有深思熟虑，没有认真考虑这种行为会给自己带来什么样的后果。

现实生活中，许多孩子也容易出现遇事欠考虑、不计后果的情况，比如有些孩子买东西时轻率马虎，不作比较，没有认真挑选，最后花大钱买来很多性价比极低的商品；有些孩子不遵守交通规则，抱着"汽车不敢撞人"的心态大胆闯红灯，结果却使自己付出流血甚至生命的惨重代价。

因此，在孩子做事之前，家长都应提醒他深思熟虑，让他为自己的行为负责，三思而后行。一般而言，家长可以通过以下几种方法教孩子学会在做事前先深思熟虑。

1. 让孩子对自己行为可能产生的影响作预测

让孩子在做事前深思熟虑，家长首先应要求其对自己所做之事可能产生的后果、影响等做一预测，也就是分析利弊，然后再考虑自己该不该做，能不能做。

一般来说，孩子在做某事之前要考虑的因素包括：与当前的环境是否合拍；是否违反相应的道德规范或法律条款；自己是否有能力完成它并承受其风险等。

例如，家长可以时常让给孩子做这样的练习：如果同学苦苦恳求你帮他打架，你会去打吗，你考虑的因素有哪些？有人叫你学抽烟，你会抽吗，为什么？面对网络游戏的诱惑，你会不顾一切地进网吧吗，你考虑的因素有哪些？等等。

孩子一一作答后，家长应认真分析他的每一个答案。若孩子回答得正确，家长就应给予表扬，并提醒孩子以后遇到类似的事，就该像孩子回答的那样去做；若孩子没有经过深思熟虑就草草作答，家长应给予轻度惩罚，让孩子明白这样做会给自己造成不良后果。

2. 丰富孩子的知识经验

有些年龄较小的孩子做事欠考虑、易轻举妄动，这是因为孩子缺乏相应的知识经验，根本无法预测自己的行为会产生怎样的后果。比如，有些小孩喜欢爬上爬下，站在砖堆、高台上往下跳等，结果不是把腿擦伤了就是把脚扭了。面对这类情况，家长应时常向孩子解释一些不良行为的危险性，可以通过讲故事、放相应的教学影片等方式，让孩子更直观地认识到许多行为可能对自己造成的危害。

3. 让孩子学会"一步一回头"

8岁的男孩涛涛以前在学习上总是粗心大意，尤其在做数学题时，根本不认真思考，经常毛毛糙糙、敷衍了事。后来，涛涛的爸妈意识到问题的严重性，决定督促涛涛多思考、勤检查。

一段时间里，涛涛做作业时，爸妈经常守在他身边，让他每抄一道题，都认真检查题目的数字、符号等有没有错；加、减、乘、除，无论做完哪一步，都不要急着往下做，而是回过头来仔细检查这一步是否正确。当涛涛做完一道题，爸妈还要求他进行"逆向检查"，即从答案往回验算。

几个月的时间里，涛涛在爸妈的监督下坚持用"一步一回头"的检查法，数学成绩果然提高了不少。后来，爸妈推而广之，鼓励涛涛在做其他事情时也经常使用这种检查法。于是，涛涛做事越来越认真，常常要经过深思熟虑才决定是否做出某一举动。

孩子做一件事情之前，家长应要求孩子慎重思考，而在进行此事的过程中，勤检查也是保证其顺利达成目标的一个关键。对事情的每一步都深思熟虑，把每一步都做到最好，孩子就会易于成功。

让孩子学会忍耐

我们常说"忍一时风平浪静，退一步海阔天空"。意思是说，人们遇到事情时要有一定的忍耐力，要控制好自己的情绪。可在大多数孩子的成长过程中，他们都会出现冲动易怒、脾气暴躁等缺少忍耐力的情况。生活中，我们常常会遇到这样的事：两个小朋友原本各自玩滑梯、摇木马，正当一个玩得起劲的时候，另一个跑过来，二话没说就推开对方，对方也不是好惹的，两人你推一下我推一下，争得面红耳赤，最后差点打起架。仔细想想，如果两个孩子的忍耐力稍强一些，他们可能就不至于为如此小事动口又动手。

儿童教育专家研究发现，孩子的忍耐力，与其年龄是负相关的关系，即如果一个孩子从小缺少忍耐力，家长又不注意对其进行正确的引导，那么随着年龄的增长，他的忍耐力会越来越差。缺少忍耐力的孩子，其最明显的性格特征就是"霸道"，容易被自己的情绪左右，进而不遵守相应的规范，如不排队等候、欲望未得到满足时立即发脾气等。

所以，家长应该从小注重培养孩子遇人遇事忍耐的性格，久而久之，孩子的自控能力会越来越强，人也会变得更加稳重自信。具体来说，家长可以采用以下方法增强孩子的忍耐力。

1. 对孩子的要求"延迟满足"

法国教育家卢梭曾说："你知道用什么办法准能使你的孩子得到痛苦吗？这个方法就是'百依百顺'。因为种种满足他欲望的便利条件会使其欲望变得无止境，结果，当有一天因无能为力而拒绝满足孩子的欲望，从未受过拒绝的他会感觉突然碰了钉子，这比他得不到想要的东西还痛苦。"

刚上初中的小龙突然心血来潮想学摄影，缠着妈妈给他买一台数码相机。妈妈去商场看了下，质量一般的相机都要几千块，对于一个初中生来说，这要求有点过分了。

"买！这周末就和你一块去买。"不过想想，儿子好不容易有个爱好，家里又不缺这点儿钱，就痛快地答应了下来，周末的时候，主动带着他去了大商场。

可没多久，妈妈发现小龙根本就是三分钟热度，相机玩了没两天就扔到一边了，摄影、摄像再也没提过。而且，这次，小龙竟然想学钢琴，缠着妈妈非得给他买一架钢琴回来，这可不是小数目啊，妈妈真不知道该怎么办了，哄了半天，才勉强让他安静了下来。

这次，孩子暂时被哄住了，可下次呢？对孩子的要求无条件答应，只会让孩子感觉掌握了对付家长的"秘密武器"，想要的东西不给我，我就哭给你们看！甚至有时候，还会发挥到登峰造极的"境界"，比如离家出走、用欺诈手段等。那时，家长会感到更加束手无策。

所以，在孩子第一次提出这样的要求时，家长就应想办法让孩子忍耐一段时间，告诉孩子："等你过生日的时候，妈妈买给你当生日礼物好吗?"或者"妈妈的钱不够,改天帮你借一台相机你先试试,下个月发了工资再给你买新的好吗?"

这样,孩子的情绪波动或许会小一些。而在拖延一段时间后,孩子可能会发现,自己对摄影的兴趣其实没有那么大。

其实,延迟满足,不单是让孩子学会等待,也不是一味压制孩子的欲望,而是让其学会克制,在"经历风雨"后看到更美的彩虹,得到更多更长远的利益。

2. 一言九鼎,说好不允许的事就要坚持到底

7岁的小巴图喜欢看动漫。暑假时,电视台有"大放送"的系列动漫片,小巴图每晚都看两集,到9点正好是睡觉时间。但有一天晚上快9点时,他的爸爸说:"巴图,看完这集快去睡觉,明天要早起去看爷爷奶奶!"

小巴图说:"爸爸,再看一集吧;今晚还有大结局。明天我就不看了,一定会按时睡觉。"

爸爸严词拒绝道:"不行,你怎么能说话不算话呢?这样就不是好孩子,大家都不喜欢你了。"

听了这话,小巴图便答应道:"哦,爸爸,我这就准备睡觉。我要当个说话算话的男子汉!"

孩子也希望自己把每件事都做到最好,希望周围的每个人都喜欢他。所以,家长让孩子说到做到,学会自我控制,这不仅能增强孩子的忍耐力,还会减少孩子欲望得不到满足时的痛苦。而家长这样的制止方法,还会让孩子觉得自己还很受大家喜爱。

3. 让孩子适当忍受疼痛,或体验艰苦生活

当孩子受伤、生病时,家长往往很慌张、很担忧,这其实是强化了孩子对疼痛的感知能力。事实上,如果孩子的伤势、病情不太严重,通过吃药、打针等能很快康复,家长就不必太过着急。这时,家长表现出很平静

的样子，或用孩子感兴趣的事情转移其注意力，孩子就能在不知不觉中忍受住病痛。

另外，孩子放假后，家长可以创造机会让孩子去偏远农村或贫困地区生活一段时间，让孩子适当体验艰苦、贫困的生活，并慢慢学会吃苦耐劳。

4. 让孩子在情绪激动时默数"一、二、三"

孩子缺少忍耐力，还表现在控制不住自己的情绪，容易激动、发怒，遇到些许自己不如意的事就鲁莽地冲撞别人，或出口成脏，惹来是非。这样的孩子，很容易给人留下不好的印象，损害自己的人际关系，最后因图小利或逞一时之快而招来麻烦。

所以，在孩子情绪激动或有发脾气征兆的时候，家长首先应该让孩子在心中默数"一、二三"，然后慢慢引导其分析自己正面临的问题。

让孩子善于表达

已上初中的男孩梁东有些腼腆。在学校里，他很少和同学们聊天，上课也不敢发言，老师提问时，他说话经常会结巴，有时甚至会发抖、出汗。在家里，他似乎也不善于表达自己的想法和情感，有时爸妈主动和他交流，他也表现得很拘谨，好像在接受训斥一样。渐渐的，梁东的爸妈意识到孩子性格上的缺陷，却不知该如何培养他善于表达的性格。

在大多数人看来，善于表达自己的想法，与他人交流沟通，这并不是件难事。但在国新这样的孩子眼中，它却显得比登天还难。这些孩子害怕与人打交道，在人际交往中常常处于被动位置，有时与熟人交谈都会很紧张，有说话时口齿不清，不敢抬头看对方等问题。

对于这样的情况，许多家长并没有特别重视，他们认为孩子仅仅是害羞，不愿在公共场合或陌生人面前讲话，不是什么大毛病。但心理学家指出，孩子过于害羞，不善表达，在与人交往时出现紧张不安、心跳加快、手足无措等现象，那他很可能产生社交恐惧心理。这种心理障碍若长期得不到缓解，孩子还可能会患上更严重的社交恐惧症。

所以，如果发现孩子不善言辞，不愿表达自己的真实想法与情感，家长应尽早想办法引导孩子敞开心扉，让孩子大胆、自信地与人交往。要让孩子善于表达，家长可采取的方法很多，最主要的有以下几点。

1. 让孩子走出家门，从小学会主动交友

孩子不善言辞，多半因为其性格内向、腼腆。但孩子的性格是可以被改变的，若家长鼓励孩子从小主动与其他小朋友一起活动，多让孩子接触性格开朗、活泼的小朋友，孩子也会慢慢受其影响，性格会开朗一些。

在鼓励孩子走出家门与其他人接触时，家长要耐心一些，刚开始可以让他去自己比较喜欢或熟悉的地方，比如带孩子去游乐场玩、去体育场锻炼等，或让孩子和其他小朋友一起去。在去见其他人之前，家长可以帮孩子预先准备一些谈话内容，让孩子的心里有个"底儿"，这样有助于消除孩子的紧张感。

2. 允许孩子有"无稽之谈"

除孩子本身的性格特征外，家长的过度保护、不断指责，也是导致孩子不善表达的一个重要原因，因为这容易使孩子产生自我否定心理，从而引发孩子对人际交往的恐惧。

所以，生活中，家长应多鼓励孩子表达自己的见解，且不随意否认孩子的话。当孩子对某事的理解与自己不一样时，家长不能急于反驳，应先听听孩子这样说的理由，若在不明缘由的情况下就张口批评，孩子会感觉很委屈，并对自己失去信心。

要想培养孩子善于表达、开朗健谈的性格，家长还应对孩子所说的一些荒唐无稽的话给予肯定和尊重，切不可用"小东西胡思乱想些什么"

"什么都不懂不要瞎说"等否定性言语打击孩子的自信心。

7岁的图图很喜欢画画,一天爸爸问他长大了干什么。他说:"我长大了要设计一只大怪兽,不过不是搞破坏的,我想让他帮我们盖房子、运送东西。爸爸,你说好不好?"

"哟,你的想法真奇特呀!不过,设计怪兽可不是那么容易的事哦!"爸爸笑着说。

图图摸着小脑袋瓜说:"嗯,那我今后还要继续努力,好好学画画。"

自那以后,图图不仅更加努力地学画画,想象力也越来越丰富,而且十分愿意与爸妈、老师或同学讨论有关画画及其他方面的问题。

家长适当赞赏孩子的"无稽之谈",这既会让孩子更加自信,又可以增进父子间的感情,让孩子更乐意与人交流沟通。相比之下,家长用否定性语言指责孩子,就很容易使孩子产生惧怕心理,从而不敢再将自己的想法表达出来。

3. 父母要与孩子多交流

心理学家研究发现,在游戏、娱乐活动中不够积极的孩子,其家长的性格一般也比较内向,话语较少;而在各种不同的游戏中都喜欢带头,表现得积极主动又有活力的孩子,他的父母往往也是话匣子,社交能力比较强。所以,平时生活中,为了让孩子能说会道,家长自己也应提高表达能力,要以开朗的姿态与孩子轻松愉快地交流。

另外,孩子不善表达,还可能源自爱的缺失,这并不是说家长真的不爱自己的孩子,而是与孩子之间爱的表达不够。很多家长听到"你爱你的孩子吗""对孩子说过'我爱你'吗"等问题,都会给出类似这样的答案——哪有不爱自己孩子的父母?把"爱"挂在嘴边有什么用?但其实,当家长不善表达对孩子的爱时,孩子就接收不到自己需要的爱。久而久之,双方之间会产生隔膜,孩子会越来越不善表达自己的情感。

让犯错的孩子勇于承担责任

很多家长都有这样的体会：孩子总是大错不犯小错不断，管教起来比较头疼。于是，在孩子做错事后他们经常是又气又急，对孩子进行责骂或惩罚自然是免不了的。

可时间久了，又会出现这样的情况：孩子犯错后首先想到的是家长会责罚他，为避免受罚，孩子就会想尽办法推卸责任，找各种理由为自己开脱，或矢口否认自己做过的事。久而久之，孩子就养成了刻意推卸责任、敢做不敢当的坏习惯。

7岁女孩小莹与5岁的小男孩冬冬是姐弟俩，一日家里有客人来访，并带来了冬冬最爱吃的奶糖。但客人走后，爸妈将其放在了比较隐蔽的地方，想留着让冬冬他们以后慢慢吃。

结果，晚饭之前，冬冬趁爸妈做饭的时间找到了奶糖，并偷偷拆开吃了好几颗。后来爸妈发现后问是谁吃了奶糖。冬冬看到爸妈不高兴的样子，害怕被责骂，于是低着头一声不吭。但爸妈早就知道糖是谁偷吃的，这样问只是希望冬冬能敢做敢当。可没想到，最后小莹为了不让弟弟受罚，自己站出来承认偷吃奶糖。

小莹能如此爱护弟弟，爸妈当然很高兴。但同时，他们也为冬冬担忧，不知该怎样让冬冬变得有担当，敢于承担责任，为自己的错误买单。

其实，要培养孩子敢做敢当的性格并不是件难事，家长可以从以下方面着手，让孩子从小学着承担自己的责任。

1. 善用惩罚性措施

在教育孩子的问题上，很多人都不提倡使用惩罚措施，甚至严厉批评惩罚孩子的行为。惩罚固然不宜，但它绝非一无是处，我们没必要过分排斥。在孩子的成长过程中，家长适时采取一些惩罚性措施以制止孩子的不良行为、习惯，是比"动之以情，晓之以理"更有效的方法。

周末，小航和妈妈一起去亲戚家，小航表现得十分傲慢，口不择言。在返家的路上，妈妈觉得有必要跟小航谈谈他在亲戚家的表现。

可刚开始，当妈妈问"你有没有觉得刚才那么说话是不对的"之时，小航却说："我没有说错啊，表弟本来就很笨，他什么都不会。"

这时，妈妈严厉批评道："你这样说令我很失望。我们一直希望把你教养成一个待人和善又勇于承担责任的孩子。但你在表弟家表现得不可一世，把表弟当成笨蛋，到现在还不肯承认错误，找理由为自己开脱……"

听了妈妈的批评，小航才意识到自己做错了："对不起，妈妈，我错了！我不该有那么恶劣的态度，下次去表弟家我一定会向他道歉。"

一般来说，小孩子都能容忍别人尤其是爸妈的批评，在内心深处，孩子也愿意借别人的提醒来改善自己的行为，最后赢得他人的肯定与尊重。

除批评之外，惩罚性措施还包括给予脸色、警告、呵斥、罚劳动等，每一种手段的惩罚程度有所不同。如有需要，家长应视具体情况决定采用哪一种惩罚措施，比如孩子出手伤人或做了其他危险性较大的事，就可以采用体罚的方法；若仅仅是偷吃一块糖、弄脏了房间等，用给予脸色、批评或罚劳动的方法就可以了。

2. 促膝谈心，给孩子播下敢做敢当的"种子"

小浩和同学在家里玩，不慎摔坏了爸爸的一座水晶奖杯。爸爸回家后问小浩是怎么回事，小浩说是同学不小心摔坏的。但他说话时结结巴巴，眼神躲躲闪闪，爸爸就基本确定奖杯是小浩摔坏的。不过，爸爸没有马上"揭穿"他，而是在两天后的周末，与小浩一边在公园散步，一边用和蔼的语气说："你愿意做真正的男子汉吗？"

小浩答道："当然愿意！"

"可真正的男子汉从来都是一人做事一人当，绝不会推卸责任的，否则他根本得不到别人的尊重，大家都会看不起他。你觉得你做到不推卸责任了吗?"爸爸问。

听了这话,小浩脸红了,他知道爸爸所指何事。爸爸继续说:"爸妈都喜欢敢作敢当的孩子,也希望你成为真正的男子汉。"

小浩点点头,继续跟爸爸一起散步。后来,在回家的路上,他低着头承认奖杯是自己摔碎的。

对于孩子的某些不良行为,家长不必当时就作出反应,否则可能会增加孩子心中的恐惧感,让孩子因过分害怕而推卸责任。有时,家长也应冷静一些,然后心平气和地与孩子谈谈,给孩子播下敢做敢当的"种子",慢慢的,这种思想会在孩子的心中"发芽"。

3. 让孩子自己补救错误

家长要让孩子明白逃避错误是不可取的,一味地逃避,只会让自己变得更懦弱。与此同时,家长还应告诉孩子,仅仅承认错误是不够的,犯错后更重要的是想办法去改正错误、补救过失。比如,孩子在学校损坏了别人的东西,家长一定要让孩子买了还给对方,要让孩子懂得,自己造成的不良后果必须自己负责。

第八章

好性格、善学习,铸就孩子好未来

阳光未来丛书
培养孩子好性格赢在起跑线

YANGGUANG WEILAI CONGSHU
PEIYANG HAIZI HAOXINGGE YINGZI QIPAOXIAN

培养孩子认真细致的性格

在日本的桃山时代，有一个很著名的将军叫石田三成，以忠诚仁义、足智多谋而著称。

他最引人称道的是一次"三献茶"事件得到了贵人赏识，后来成为日本最高权力机关的首席元老。

在石田三成还是孩子的时候，曾在一座寺院谋生。有一次，幕府将军丰臣秀吉打猎口渴了，就来到石田三成所在的寺院喝茶。石田三成是负责敬茶的童子。他上茶的顺序很有意思，第一杯是一大碗凉茶；第二杯换了较小的碗，茶水稍热；第三杯则是一小碗热茶。

丰臣秀吉注意到了这个变化，就问他为何这样做。

小小年纪的石田三成不慌不忙地说："第一碗茶是为了让将军解渴，所以温度适中，水量要充足；第二碗换了较小的碗，因为喝了第一碗之后已经解渴了，量小稍热稍带品茗之意；到第三碗的时候大人心也静了，口也不渴了，这时再上热茶，大人才会细细去品味我们观音寺的野茶的美妙味道。

丰臣秀吉听后，觉得眼前的小和尚思维缜密、态度认真，就把他选在自己帐下，作为自己的贴身侍从。后来，这位认真细致的石田三成果然成了日本历史上的一代名将。

不过是孩童的石田三成，在奉茶待客这件小事上都能分出三种不同用途的茶水，并按照客人丰臣秀吉的实际需求主动地送上去，足见其做事的认真程度非一般人所能比。这么优秀的孩子，丰臣秀吉自然十分欣赏，将之带走作为自己的侍从也就是顺理成章的事情了。而石田三成显然没有辜负"伯乐"丰臣秀吉的期望，以其特有的思维缜密、做事认真而逐渐成为日本著名的将军。

不但是石田三成，自古至今，凡是能够成就伟业的历史名人们，都有一个共同的特点，那就是：认真细致。而这种性格的形成显然不是一蹴而就的，而是从小就养成的习惯使然。现在，孩子们的生活和教育条件，比之古人们强出太多了，但往往学不好知识，做不好事情，让家长们甚为头痛，这既和孩子年龄小本就"坐不住"有关，也和孩子自小所受到的家庭教育中缺少"认真细致"这一内容不无关系。

既然如此，眼看着孩子一天天的长大，怎样才能给他补上这方面的内容呢？我们一起来看看儿童教育专家提出的两个简单易行的方法。

1. 用围棋、绘画等方式教孩子学会耐心细致

孩子的天性就是活泼好动，喜欢新鲜事物，而对看似枯燥的学习课程、需要动脑筋的作业等自然兴趣缺乏了。这时候，家长如果强迫他们去钻研这些内容，效果往往事倍功半，而如果从锻炼他们的耐心入手，这方面的性子磨炼一段时间后，再提高学习成绩就会好很多了。对家长来说，用围棋和绘画来吸引孩子的兴趣，进而在钻研这里面的学问的同时，让孩子逐渐学会认真细致地学习和做事，是个不错的选择。

2. 父母故意"粗心"，不帮孩子"兜底"

唐超今年上五年级了，可他还是像以前一样做起事情马马虎虎。这个性格让老爸老妈很头痛。平时写作业，他多多少少都会出点错。哪怕是一张刚刚讲解过的试卷让他改错题，他都能改出点毛病来，不是点错小数点，就是抄错数字。

"唐超，你什么时候才能认真细致地对待自己的作业，不出这么多错呢？"妈妈很无奈问他。

"怕什么，反正你和爸爸每天都会给我检查的。交给老师的作业全都正确不就齐了？"唐超大大咧咧地说出了自己的理由。

原来如此。妈妈和爸爸悄悄商议了一会儿，就给唐超检查当天的作业。然后很高兴地对他说"今天做得不错，都对了。"唐超美美地将作业收进书包。

第二天放学回家,就见唐超一脸的不高兴。"爸爸、妈妈,你们也太粗心了。我昨天的作业明明错了两道题,你们都没有看出来。今天老师还批评我对待作业不认真!"

"哈哈,你终于知道认真细致的重要性了。这件事我和你妈妈没有责任,你要自己明白要为自己的作业负责才是!"唐超觉得爸爸的话有些道理。以后写完作业,他都会自己检查两遍。自己能做好的事情就不依赖父母,这种成就感让唐超觉得自己很了不起。

唐超的故事有一定的代表性。当孩子写完家庭作业后,不少家长都会将孩子的作业本拿过来看一下,一是了解孩子的学习进度,二是看看孩子写的有问题没,发现错误的地方,自己也可以及时纠正嘛。而这种关怀的行为往往会让孩子形成这样的印象:反正爸爸妈妈最后还要看一遍呢,有问题他们都会说的,我就不必那么认真了,最后写完的检查也是应付一下就行。这种情况下,家长不妨学学洋洋爸妈的方法,不管"审查"了,让他为自己的粗心大意受受教训,既能让孩子真正意识到"认真细致"的重要,还能让他们明白"凡事应该依靠自己",不能全依赖父母。

培养孩子讲求效率的性格

小芸是个10岁的女生,今年刚上四年级。以前每次听到同事抱怨自己的孩子有"多动症",总是毛毛躁躁静不下来,小芸妈都会庆幸自己的女儿不急不躁、沉稳安静,让他们两口子少操了很多心。

可是四年级的作业量陡然加大,打得小芸一家措手不及。以前轻轻松松就能解决的家庭作业,现在不到晚上10点都做不完。孩子还是长身体的时候呢,睡眠时间都保证不了的话,怎么能健康成长呢?

小芸妈问了问小芸的同班同学,知道人家每天8点钟就能洗澡睡觉了。

她意识到自己的女儿虽然细心,但学习效率太低了,这样参加考试的话会很吃亏的。

从此小芸每天放学回来,妈妈就陪着小芸写作业。看着孩子认真、细致地一道题接一道题的慢慢计算,不知不觉一个小时就过去了,数学还没有写完呢。小芸妈发现女儿虽然没有一边写作业一边玩,但是她做一道加减乘除混合运算的题竟然用10分钟的时间,也太慢了。

吃过晚饭背诵课文吧,一篇在家长眼中很短的文章,小芸用了半个小时还没有背下来。你看着她在那一遍又一遍地朗读,读完之后还闭上眼睛回忆课文内容,那么认真让人不忍心催她快一点。可是还有英语和科学需要预习呢,什么时候孩子才能洗澡睡觉呢?小芸爸妈由孩子写作业慢推及到做其他事情,很沮丧地发现自己的孩子无论做什么事情都没有考虑过"效率"这个词。她总是按照自己的方式做事,虽然做得很好,但时间比别人多用了一倍还不止。

孩子做事磨蹭,没有效率是很多家长都苦恼的事情,这样的孩子往往将一小时能完成的作业拖成三四个小时才勉强搞定,即使是家长批评也只是好上一会儿,等家长一回头就又故态复萌了。孩子之所以出现这种情况,主要原因是年龄小,自记事开始在家里无论是学习也好玩耍也好,都没有很强的效率要求,大都是随着孩子的兴致来,导致孩子上学后,才开始这方面的要求。

然而,习惯的力量是强大的,要想让孩子改掉这种学习拖拉、没有效率的状况,需要家长从根源入手,逐渐改变孩子的学习习惯。具体来说,家长的"效率教育"可以从以下两个层面入手。

1. 教孩子学会集中精力

家长可以先从孩子喜欢的课程入手,如唱歌、小实验等都可以,告诉孩子"在唱歌的时候不想其他事情""把和音乐无关的玩具从钢琴上拿走",给孩子一个安静的学习环境,然后让孩子尝试集中精力学习,一般在自己喜欢的课程方面,孩子的精力比较容易集中,持续的时间也比较长。在此基础上，家长可以和孩子一起讨论这样学习的好处，这么短的时间就高质量完成了学习任务，不但是聪明的表现，还可以有更多的时间自己支配，如玩耍啊，看课外书啊等都可以的，以提高孩子的兴趣，促使他在其他课程上也提高效率。

2. 对孩子进行时间管理

珊珊也是一个四年级的小女孩，她在期中考试的时候还没有写完题目就到了交卷时间。成绩当然很不理想，好强的珊珊哭了。

"妈妈，剩下的题目我会做的，可是没有时间了……"妈妈很心疼女儿，向一位资深的老师请教之后，受到了一些启发。她和珊珊一起制定了一个时间表，把每天必须做的事情都写下来，还规定了一个标准时间。娘俩商量好，谁要是在规定时间内完成该做的事情，谁就能积一分，每累积10分就可以满足对方一个要求。但是如果没有在规定时间内完成的话，就要被扣掉一分，扣完了就要扫地或者洗碗。

珊珊在这个既有奖励又有惩罚的方案推动下，明显加快了办事效率。

在教孩子学会集中精力后，家长就可参考珊珊妈的方法，和孩子一起制定个切实可行的日常时间管理表，每天的主要安排、大致花费的时间都写好，当孩子能按照时间表完成学习任务时，就会得到表扬，当孩子的效率进一步提高时，可以得到更好的奖励，让他体会到成绩、玩乐两不误带来的好处。

培养孩子良好的时间观念

彭亮是个活泼好动的男孩子，今年10岁了，下半年就要上四年级了。在学校憋了5天，终于到了星期五，彭亮可高兴了，还没放学就开始计划周末怎么玩。

彭亮回到家里先打了一局游戏，然后开始研究爷爷上周给他新买的变形金刚模型。一大堆"擎天柱"的零件摆了一地，还没组装好呢，就有小伙伴同学来敲门，邀他一起到楼下的广场玩悠悠球。

爸爸看到儿子玩得满头是汗，就没有催促他写家庭作业。反正还有周六周日两天呢，就让儿子放松一下也好。周末爸爸妈妈都上班，彭亮跟着爷爷奶奶可算是自由了。周六，他一觉睡到自然醒，奶奶就给他做了一顿丰盛大餐，算是早餐和午餐一块解决了。下午跟着爷爷去公园钓鱼，彭亮可没有耐心等待鱼儿上钩，他自己到公园的儿童娱乐城玩得不亦乐乎。

晚上妈妈问彭亮周末的作业写完了吗？彭亮满不在乎地说不是还有星期天吗，不着急。

第二天彭亮照例又是睡了个大懒觉，奶奶再三催促，他才不情愿地穿衣起床。

"小亮，你妈妈来电话了，让你别忘了写作业！"奶奶跟在彭亮后面传达妈妈的意思。

"知道了，知道了，奶奶，我忘不了！"彭亮把奶奶推到厨房，把周末的作业都摆在书桌上。

数学、语文和英语，到底先做哪一个呢？彭亮觉得数学最简单了，他就决定先做数学。可是中间有一道题不会，他把数学推到一边，做起语文。语文还有作文没写，他又拿起了英语。这样忙乎了两三个小时，没有一科顺利完成的。

爸爸妈妈下班回来，看到儿子不能正常作息，知道孩子的时间观念该改改了。

家庭里，不少家长对孩子放学后先玩再写作业的行为往往抱着"睁一只眼，闭一只眼"的略有纵容的心理，总是心想"自己的宝贝孩子学了一天（一周），也挺辛苦的，先放松下没有什么的"。想法是好的，但是用在自制力本来就比较弱的孩子身上，就有些不合适了。因为大多数孩子都没有时间观念，一玩起来就会忘乎所以，至于学习的事情早忘到脑后了；而且孩子本就不善于管理自己的事情，做事比较随性，最后自然会耽误学习了。

因此，为了培养孩子良好的时间观念和做事习惯，家长应及早动手，积极采取措施，帮助孩子改掉这些不良的习性。具体来说，家长可以参考以下方法教育孩子。

1 让孩子明白时间的重要性

惠惠6岁了，今年9月1日，成了一名真正的小学生。开学第一天，老师教给全班的小朋友一句话，叫做"一寸光阴一寸金，寸金难买寸光阴"。

小惠惠不明白这句话是什么意思，回家就问妈妈。

妈妈告诉惠惠，"老师的意思是说好孩子要学会珍惜时间，拥有良好的时间观念。"

"那妈妈，您说我是好孩子吗？"惠惠睁着大眼睛问妈妈。

"是啊！惠惠知道早睡早起，还知道每天只看半个小时的动画片，这都是有时间观念的表现。但是这样还不够，惠惠还能做得更好。"

"妈妈，快告诉我，我要做人人喜爱的好孩子。"

"你以后穿衣服、吃饭都不能再磨磨蹭蹭了，不能总在这些简单的事情上浪费时间……"妈妈认真地说。

让孩子珍惜时间，合理安排自己的事情，都离不开一件事情：让他先明白时间的重要性。

故事中惠惠妈妈的做法就可以参考，尤其是对年龄较小的孩子来说，通过故事和一定的夸奖等就能让他明白"时间很重要，我重视时间，妈妈就会更喜欢我"的道理，以促使他珍惜时间。

对于年龄大些的孩子来说，家长仅靠讲故事和几句道理还是不够的，要想达到理想的效果，还要采取一些特别的措施，比如让男孩子参加少年军校，进行篮球、乒乓球等限时性的运动，让女孩子参加照顾"病人"、学做饭等时间性要求比较强的活动，在实际的事情中，让孩子明白无论什么事情都要有一定的时间要求，要想做好，就要对时间加以重视。

2. 教给孩子"先学后玩"和"先重要后次要"两个原则

在孩子明白了时间的重要性后,家长可以进一步教他们如何合理安排事情,才能有效地节省时间。

第一个要告诉孩子的原则就是"先学后玩",无论是日常放学还是周末还是寒暑假,都要求孩子要先完成作业,然后再去玩,为了保证效果,家长可以制定一些奖罚措施,如果孩子在一周(一月)内照做了,就会有奖励,如果没有照做,就会有适当的惩罚,如拖地、刷碗等。

第二个要教给孩子的原则就是"先重要后次要",当孩子面对好几件事不知如何安排时,家长应教给他们先做最重要的事情,然后再做不重要的事情。在具体的写作业中,就不是简单的"先重要后次要了",为了合理利用时间,就要采取"先易后难"的方法了,先把容易做的作业完成,然后专心攻克难度较大的作业。

让孩子拥有举一反三的能力

刘霄是父母眼中的乖孩子,老师眼中的好学生。他非常听话,从来不和老师家长对着干。可是,自从刘霄上了小学二年级后,妈妈发现自己的孩子太听话了也不是绝对的好事。

晚上吃过饭,妈妈说:"霄霄,帮妈妈把碗洗了吧,妈妈工作了一天很累了。"

"好的妈妈。"刘霄很痛快地把桌子上的两个饭碗都拿到厨房去洗干净了。

妈妈躺在沙发上休息,看到餐桌上还剩着筷子、盘子等,就问儿子:"霄霄,怎么光洗碗,不洗别的啊?"

刘霄一脸无辜:"妈妈,可是您只让我洗碗,没说让我洗筷子,洗盘子啊!"

妈妈听了宝贝儿子的解释,哭笑不得,只好自己起来,收拾好了桌子。

刘霄写作业,妈妈发现儿子不论是组词还是造句都没有一点让人眼前一亮的句子。他用的词语都是老师上课时提到过的,虽然没有错,但也太墨守成规了一点。

趁儿子睡着后,妈妈给出差的爸爸打了电话,讨论了孩子的问题。夫妻俩一致认为刘霄最大的问题是太保守了,没有发散思维,用老师的话来说就是不能做到"举一反三"。

爸妈担心在这个处处都讲究"创新"的社会,霄霄长大了可怎么办呢?

霄霄的最大问题是不会创新,做事墨守成规,无论是老师安排的作业,还是父母交代的任务,他只会机械地照做,这样的孩子虽然让老师家长省心,但不让人放心。孩子犹如旋转木马似的,推一推,转一转,从不动脑子,久而久之,这种习惯一旦沉淀为习性,成为性格中第一部分后,更加难以纠正了,很难在社会竞争中立于不败之地。

因此,家长应及早动手,改变孩子的这种惰性思维,具体来说,就是从改变孩子的思维习惯入手,逐步养成良好的行为习惯。

1. 鼓励孩子多问"为什么",激发孩子的求知欲

夏颖的女儿林怡今年9岁了,念小学三年级。凡是教过林怡的老师都对这个学生赞不绝口,说她不但聪明、勤奋,还善于思考。

夏颖在家长会上作为家长代表谈到自己对女儿的教育,说了这样一段话。

"我们的孩子都喜欢不停地问问题,这些问题有的很傻,有的很有意思。有的教育专家说孩子有问题是好奇心、求知欲的表现,家长不能打击孩子的积极性。我觉认为,家长最重要的不是一一解答孩子的问题,而是先要分析一下孩子的问题属于哪种类型。"

"如果她问我具体的某个字怎么写我就会告诉她自己去查字典。"

"如果她问我某一个数学公式是怎么推导出来的,我会很有兴趣地和她一起讨论。哪怕她说得完全不靠谱,我也不会笑话她。"

"在我看来,举一反三更重要的是这个'一'掌握牢固了,才可能有'三'的出现。想让孩子达到反三的效果,多让她读课外书是非常有必要的。"

夏颖对孩子的教育方法值得家长们参考,从鼓励孩子提问入手,激发他的求知欲,在此基础上一起探索问题的答案,这对于拓展孩子的思维能力,有很大的帮助。

2. 用游戏的方式培养孩子的发散性思维能力

在日常生活中,家长还可以用猜字谜、编故事等游戏,培养孩子的发散性思维,让孩子能拓宽思路,提高想象能力,逐渐摆脱旧有思维的束缚。

3. 鼓励孩子把发散性思维用在学习和生活中

在孩子有了一定的发散性思维基础后,家长应鼓励他将这些方法应用到学习上,如,一个问题看看是否能有多种答案,从一道题中能否多总结出几个心得,对一门课程能否有多种学习方法,比较看看哪种方法更有效果等。在生活中,这种思维方式更是用途广泛。当孩子适应了这种思维方式的实际应用后,就能逐渐摆脱以往的"机械式"的学习和生活了。

培养孩子刻苦钻研的性格

朱磊属于那种让人看一眼就觉得聪明的孩子,可是上了好几年学了,他的成绩从来没有好过。朱磊现在是小学四年级了,经历过的考试也不算少了,没有一次的成绩能让家长和老师满意的。用他们班主任刘老师的原话来说,"朱磊在学习上缺少一种刻苦钻研的精神"。

听老师这样评价自己的孩子,朱磊父母有点难为情,觉得孩子养成这样的性格与自己平时的教育方式不无关系。平时在家里玩,朱磊就表现出对什么事情都3分钟热度,不懂得坚持下去。比方说搭积木,他总是在搭到七八层轰然倒塌之后不再尝试继续往上搭,一点儿耐心都没有。爸爸用同样的积木,很轻松就能搭到15层那么高。朱磊虽然羡慕爸爸技艺高超,但爸爸没有趁势鼓励儿子继续尝试。还有就是学数学的时候,每次有比较复杂的运算,朱磊都会招呼老爸用计算机替他来运算。老爸还觉得自己的儿子真有头脑,是做老板的人才,这么小就知道利用资源为自己服务。

如今爸爸妈妈都被老师点名批评了,让两口子惊醒他们在教子方面存在很大的误区。可朱磊毕竟只是10岁的孩子,总不能让他学古代的读书人"头悬梁、锥刺股"吧。朱磊父母觉得很为难,不知道该怎样帮助儿子培养起刻苦钻研的性格。

从上面的事例可以看出,朱磊的爸妈在子女的教育方面,确实做得不到位。在家庭教育中,孩子的求知欲没有得到鼓励,也没有得到指点,时间长了这方面的动力就会渐渐消失,出现老师所说的"在学习上缺少一种刻苦钻研的精神"就不足为怪了。看着可爱的孩子,让他这么小就刻苦学习,不少家长在内心里都会有些不舍。但众所周知的是,孩子在12岁以前是性格形成的关键期,7岁左右是"潮湿的水泥期",这几年中,如果不让孩子形成良好的学习习惯,长大后再纠正恐怕效果不彰了。因此,为了孩子的将来,还是从小就让他受些磨炼的好。

专家认为,培养孩子的刻苦钻研的精神,家长不可操之过急,选好"突破口",徐徐图之,以下两种方法供家长参考。

1. 从兴趣入手,鼓励孩子坚持钻研

森森周末跟着妈妈逛公园,发现公园的小广场有一个轮滑培训班在室外授课。看着和自己差不多大的孩子们在老师的带领下低头、弯腰、将手

背在后面优雅地穿越障碍，淼淼觉得他们和电视里短道速滑的运动员一样棒。

他对轮滑产生了兴趣，央求妈妈为他也报名参加了培训班。虽然训练起来比较辛苦，但淼淼这一次坚持了下来。他的信心来自于第一次看到小伙伴们优美的姿势就喜欢上了这项运动。所以训练会吃苦、摔倒会很疼这样的后果他都考虑过了。看来只有让孩子对学习的对象产生真正的兴趣，他才肯刻苦钻研下去。

"兴趣是最好的老师"，培养孩子不怕苦的学习精神，家长不妨从孩子的兴趣入手。一般来说，对于和兴趣相关的事情，孩子还是比较容易接受的。家长鼓励孩子对喜欢的事情做精做好，就是钻研的具体体现。在钻研中出现难题时，家长应不失时机地出来赞扬孩子的成绩，鼓励他继续，争取取得更大的胜利！

2. 给孩子找个榜样

有的家长为了激励孩子积极向上，会给孩子讲些名人伟人刻苦努力的故事，这些故事对孩子有一定的促进作用，但离孩子的现实生活往往比较遥远，其作用反倒不如孩子身边的例子大。比如孩子的好朋友，学校的三好学生，本市的优秀学生，以及少儿学习报刊中的一些真人实例。家长可多找些这样的事例给孩子看，以激发他不怕困难精神。

教会孩子如何学以致用

已经读初一的沈月放学回家，走到小区大门口的时候，发现一位物业的叔叔和一位外国人正在比画什么。两个人语言不通，都明白不了对方的意思，显得十分焦急的样子。老外也很有意思，看到沈月戴着眼镜就以为这位同学一定能帮忙，就冲着他很有礼貌地说："Can you speak English？"

（你会说英语吗？）

沈月一愣，学了这么多年英语了，出于本能，这句话他还是会回答的。他很自然地回答："I can!"物业的叔叔看到他点头，老外听到他的回答都松了口气，终于有明白人来了。物业叔叔就告诉沈月："同学，你告诉这位先生他住在我们小区，该交物业费了。"

沈月傻了："我可没有学过物业费怎么翻译啊。我们只学习什么苹果橘子、熊猫老虎这样的名词和一些最基本的打招呼这样的日常用语，这么实用的物业费三个字还真是不知道。"

老外和物业叔叔一脸期待地等着沈月说话，他憋了半天，说了一句："I am sorry!"就"落荒而逃"了。

沈月狼狈地回到家，向爸爸说了自己尴尬的遭遇。爸爸听了，深思了一会说："你从小学一年级就开始学英语，到现在已经6年多了。刚才这可是一次真正与外国人对话的机会，刚一句话你就撑不住了。看来你的口语想要学以致用需要更多的与人面对面的交流啊！这样吧，从这个学期开始，我有时间就带你到公园去找外国游客，让你自己去交流。只有意识到自己的不足，才能有进步。"

沈月遇到的尴尬事儿不是个例，而是带有普遍性的问题：如何能够学以致用是我们孩子面临的一个大问题。这其中既有孩子重"学"不善于"用"的原因，也有我们师长在这方面也不甚注意的原因。但外语也好，其他技能也好，都有一个共同的特点，就是"用进废退"，再擅长的能力，长时间不应用，就会慢慢退化，待到真正需要时，已经迟了，现在我们国人学英语，大多数都是单词背得滚瓜烂熟，语法比老外还精通，但就是不会说、读不懂，可以说几乎是白学了。

我们家长都不希望自己的孩子以后也出现这样的情况吧！那么，我们就从现在开始着手培养孩子的学以致用的精神吧！具体来说，可以分为以下两步走。

1. 将课堂知识转化为社会知识

佳佳今年12岁是六年级的小学生。这个学期她学习了分数的知识，数学课上总会遇到很多关于商场打折方面的题目。

周末,妈妈要去商场买东西,特意带上了佳佳,想考一考她能不能将自己学到的数学知识学以致用。一双很漂亮的帆布鞋在搞活动,原价是168元,顾客可以选择8折优惠购买,或者原价购买返40元代金券两种消费方式。

妈妈微笑着看看佳佳,让她算一算怎样买更优惠。佳佳拿出笔记本,算了两笔账。打8折的话,妈妈需要付134.4元,比原价购买节省33.6元;返券的话,妈妈可以花168买到一双鞋,还可以免费得到价值40元的其他东西。

她把两种结果都提供给妈妈,让妈妈选择。妈妈很高兴,女儿的数学知识不再是死死的书面知识了。

佳佳妈的方法就很值得借鉴,将逛街购物这样一种休闲娱乐方式化为寓教于乐的数学课了,既让孩子有买到新衣物的兴奋,又能将枯燥的数学课具体为买东西的价格比较,将数学知识实用化了,更是了解了粗浅的经济学知识,知道如何才能更好地少花钱多办事。

2. 及时总结,步步提高

孩子的年纪比较小,一般都是善于学习但是不善于总结,在生活中学以致用后,家长应及时引导孩子总结这样做的利弊,并一起探讨如何才能做到更好。相信一段时间之后,孩子的归纳总结能力会有较大的提高,同时学以致用的能力也有相应的提升。

培养孩子从实践中学习的性格

杜江12岁了,明年就升初中了。周末,杜江在书房玩游戏,老爸老妈坐在电视机跟前看老版的《三国演义》。爸爸忽然招呼杜江出来,让他看一会儿电视。

"爸爸,我不喜欢看古装剧。您就别难为我了,好吗?"杜江给爸爸又是拱手又是作揖,滑稽的样子逗得妈妈扑哧一乐。

"儿子,你不是自称知识丰富吗?我让你来看看这段电视剧有什么穿帮的地方!"爸爸一副"挑衅"的口气。

杜江二话不说,坐在爸爸身边,仔细观察起来。这一集讲的是曹操带兵,刚刚约法三章,不准"马踏青苗"之类的,他自己的战马就吃了田边的玉米。为此曹操削断了一缕头发,算是对自己做了惩罚。

"没什么毛病啊,难道群众演员表演得不到位也算穿帮不成?"杜江没好气地告诉老爸他的想法。

"真的吗?我记得你前两天看电视纪录片,里面讲到了我们常见的几种食物是从国外引进的,当时你还很惊奇呢。"爸爸假装漫不经心地提示了一句。

"对啊,葡萄、石榴都是从西域传来的,西红柿和玉米都是南美洲引进的,其中玉米是明朝才传到中国来的。呀,我知道了,三国时候不可能出现玉米地的。"杜江很兴奋地将自己知道的相关知识说了出来。

他不好意思地挠挠头:"爸爸,课堂外面学到的东西我没有特意去记忆嘛,不过比课本上的有意思多了,以后记起来也很容易。"

儿子能够意识到自己的不足,让爸爸妈妈非常欣慰。

在学习方面,很多孩子都有这样的认识:在学习、在课本上学到的才是知识,而课外接触的都是不重要的信息,不算是知识,主要是用来娱乐的。一些家长也有类似的想法。其实,这是有失偏颇的。在孩子成长的这个阶段,他接触到的一切都可以作为知识来学习、来研究。尤其是在现在提倡素质教育、情商教育的时期,单单靠在学校的学习,是不足以完成培养优秀孩子的要求的。而且,这样的认识还割裂了学校和社会的联系,使孩子求知的眼光变得狭窄,让孩子的思维也变得单一、机械了。

因此,为了让孩子能健康成长,学到更多更有用的知识,家长应鼓励孩子从实践中学习新知识,培养"求真、求实"的优秀性格。具体来说,家长可以从以下三个方面入手教育孩子。

1. 告诉孩子"处处留心皆学问"的道理

让孩子能从实践中学习,首先就是要让他在思想上能提高认识,然后才会有正确的行动。这时,家长可以将"处处留心皆学问"这句名言作为座右铭送给孩子,并举出生活中的各种事例,告诉孩子"其实只要你留心了,在什么地方都能学到知识",比如从日常的天气变化,学习自然知识,从人际交往学到语言的组织和表达,从一日三餐的饮食中学到生理学的知识等,这样一来,孩子的眼界就会开阔许多,学习起来也会感到更加有趣了。

2. 鼓励孩子从书本外学知识

有了上面的认识基础,家长就可以在孩子完成作业后,鼓励他放下课本,对身边的生活多观察多了解多提问,然后多主动寻找答案,必要时,还可以根据孩子的要求,带他去动物园、科技馆、博物馆等地方,在游玩中学习新知识。

3. 教孩子把课堂内外的知识结合起来

闫欣是一名苏州的女孩,今年10岁了。她在语文课上学了几篇课文,描写的都是北京的风景。长城、故宫、天坛这些名胜古迹在老师的描述中"雄奇壮丽",让见惯了秀美水乡的闫欣心生向往。十一黄金周,闫欣和妈妈跟着旅行团来到了北京。

她跟着妈妈在故宫的高墙之间穿行,体会到了什么叫"皇家气象",什么是"肃穆庄严",什么是"劳动人民智慧的结晶"。登上长城,她体会到了"不到长城非好汉"的气魄,还联想到了社会书上老师讲过的修长城是为了抵抗北方少数民族的入侵以及奶奶讲过的孟姜女哭长城的传奇故事。兴奋新奇之余,她对这些伟大建筑是如何建起来的分外感兴趣,在每一处地方,她都观察得很仔细,也很用心地向工作人员咨询,学到很多建筑知识，还知道了不少古代历史和文化知识。

回程途中，闫欣兴奋地告诉妈妈，这次北京之行让她加深了对课文的理解，也让她对祖国的悠久历史、灿烂文化产生了兴趣。妈妈很高兴，这一次跟团旅游没有白来。

闫欣的妈妈在孩子有了一定的知识基础后，根据她的要求去北京游览，在游览中学习新知识。他们的行为就是在上一点的基础上，更明显地将课本知识和课外知识有机结合，这让孩子学得更扎实更全面。

教孩子从自己做错的题中学习

耿静妍是一个13岁的女孩，今年读初一了。她在小学期间，成绩一直很稳定，不算拔尖但也不坏，总是在中上游徘徊。父母早也习惯了女儿的这种状态，认为她如果到高考的时候也能保持中上水平的话，也不错了。

可是上了初中，耿静妍发现原本一个年级只有200多人的小学到了初中竟然有了1000多人。在这么多同学中保持中上游的水准可不太容易了。一开始，她还是像以前一样听讲、写作业、玩耍，可是第一次模拟考试之后，她的家长就被老师请到学校，接受了"教育"。

爸爸从老师口中得知，耿静妍的失误在于从来不会从失败中吸取教训。老师还打开耿静妍的作业本让她的爸爸看，老爸这才知道自家姑娘都入学快两个月了，正负数的混合运算还没有掌握呢。凡是涉及这方面的题，她都没有做对过。即使老师在课堂上讲解过了，女儿也没有理解，下一次碰上，照错不误。

做错了题，却不知道错在哪里，即使知道了原因，在下次做类似的题时，往往还会出错。

孩子的这种"顽固性"的错误往往让老师和家长十分头痛：那么容易的问题怎么就能屡屡做错呢？我们也知道这是孩子不善于归纳总结的缘

故，但是纠正起来往往效果不明显。原因在哪里呢？其实就在于孩子"不知道为什么总结""不知道怎么总结"，即孩子归纳总结的逻辑性思维习惯没有形成，纠正错误习惯自然事倍功半了。

那么，如何才能让孩子养成初步的逻辑思维能力，自己善于总结呢？专家建议，家长可以从以下方面入手，尝试改变孩子"屡错不改"的习惯。

1. 教给孩子归纳总结的方法

家长可以告诉孩子"要自己寻找做题的'技巧''秘诀'，有了它们你就不再有难题了"，以引起孩子的兴趣，然后指点孩子，寻找做过的题都有什么共同特点，然后告诉他们解题思路其实也是一样的，只要多动动脑筋，鼓励他举一反三、触类旁通。当孩子尝试到甜头后，学习的主动性就会大大增强。

2. 准备纠错本，把错题归纳总结

陈韵在月考的时候因为应用题失了不少分，让这个好强的小姑娘很不甘心。她主动找到爸爸，要求爸爸为他补习应用题，她要在下个月的月考中把"面子找回来"。

爸爸和陈韵一起分析了数学试卷，认为女儿在审题方面存在着误区，才导致失分的。比如说题目是某班女生有30人，男生比女生少30%，全班一共有多少人？这道题目很简单，陈韵的解答更简单，她只用了一步，求出了男生的人数，就以为自己已经完成这道题了。

爸爸给女儿出了很多类似的试题让她做，陈韵终于改变了自己简单的思维方式，不再失分在这一类的题目上。爸爸按照这个方法，把女儿的错题都总结到一起，让她重新做，并指点她在遇到这些题目的时候应该从哪里下手。

陈韵第二个月的月考果然成绩不俗。

故事中，陈韵爸爸的方法就值得借鉴，但是最好是在孩子有了一定的

归纳总结的经验后进行，这样才能更好地对错题、失误之处进行弥补。本节开篇故事中耿静妍的爸爸就可以先对孩子进行简单的思维方法的指点，然后专门为耿静妍准备了一个"纠错本"，让她把每天每个科目的错题都工工整整的抄下来，自己总结错误的原因和解决方法，家长做最后的把关指点即可。每隔一段时间，爸爸再从纠错本上选几道题让女儿做一做。这样反复训练，相信耿静妍能从自己的错误中吸取教训，成绩有明显的进步。

3. 家长要对孩子有耐心，不能苛责

在孩子"屡错不改"时，家长的态度也很重要，不能苛责也不能因心情急躁而讽刺、嘲笑孩子。要知道，孩子正是通过"错误—纠正—提高"这种螺旋形上升的方式成长的，从另一个角度来说，没有不犯错的孩子，犯了错他们才会成长。因此，家长应耐心教会孩子思维方法，再鼓励孩子通过练习纠正以前的错误习惯，慢慢提高成绩。

让孩子学会从交流中学习

陆卞11岁了，是五年级的男生。他是单亲家庭的孩子，性格比较内向，不笨，但也不很聪明，刻薄点说他属于那种"扔在人堆里就找不着"的孩子。老师注意到他也是因为他的名字取得有点个性，可是时间长了，这个成绩一般，不爱惹事的陆卞就不知不觉被老师忽略了。

陆卞平时做作业，妈妈总是坐在一旁看着。妈妈发现，陆卞虽然每天都能完成老师布置的作业，但是成绩从来就没有过大的波动，总是不上不下的。难道说自己儿子写作业只是为了应付差事，并不注重质量？

妈妈有点惭愧，她自己只是初中毕业，上学的时候成绩就不好，所以从来不敢给儿子辅导功课。尤其是孩子上了高年级以后，她更是将希望寄托在老师身上。想到儿子的成绩，不善交际的妈妈拨通了老师的电话，询问了陆卞的状况。

老师告诉陆卞妈妈，这个孩子不善于沟通，有了问题从来不请教老师和同学。如果他能够及时和积极沟通的话，应该会有进步的。妈妈又问老师，自己应该怎么在家里配合老师，帮助孩子提高成绩。

陆卞的情况带有一定的普遍性，在很多性格较内向的孩子身上都存在。这是因为这类性格的孩子本身就不擅长交际，向人请教会有点"抹不开脸面"，所以就有了问题自己扛着，扛不了了就扔一边，自然就会出现成绩平平的局面，严重的甚至会导致孩子的成绩渐渐下降，让孩子更不愿意请教，以致陷入"恶性循环"的怪圈里。

因此，解决这种情况，让孩子尽快走出困境，应成为每位家长优先考虑的问题。专家建议，家长可从以下两个角度入手，让孩子从交流中学习，在学习中提高成绩，以增强信心爱上交流，形成"良性循环"。

1. 帮助孩子卸下心理负担

孩子成绩不好，本身就有心理压力，这时家长不宜过多批评孩子，而是帮孩子卸下心理负担。然后，告诉孩子"向人请教不是件丢人的事情"，"你的诚恳请教会得到同学老师的真心帮助的"。鼓励孩子主动请教问题，可以向家长请教，如果家长也不明白，就坦然带着孩子一起去请教老师，给孩子做出表率。比如上文故事中，陆卞的妈妈就可以带着孩子主动向老师请教，让孩子体会到老师的真诚帮助，扭转心态。

2. 告诉孩子："三人行，必有我师"

苏楠和孟夏是一对好朋友。两个小姑娘是邻居，从小就一块长大，好得跟一个人似的。两个人在同一个班级，每天放学都一起做作业。遇到不会做的难题就停下来一起讨论，实在都不会了就问家长。在这种学习方式下，两个小姑娘不但学习成绩好，性格也都大方开朗，招人喜欢。

她们所在的班级开展"一帮一"活动，让苏楠和孟夏分别帮助一个成绩稍差的同学。两个人答应了老师的要求。后来两个人还比赛，看谁先带领自己的队友取得进步呢。

双方的家长高兴地说："孩子之间经常交流，让做家长的非常省心。让两个同龄的孩子经常在一起，对她们的学习成绩和性格养成都有很大的帮助！"

苏楠和孟夏就是两个善于从交流中学习的孩子，更为难得的是，她们还能积极帮助同学上进。其实，孩子的成绩好与不好都是相对的，在学校里，既有成绩比孩子好的同学，也有成绩比孩子差的同学。"三人行，必有我师"，家长可以据此引导孩子，让他积极主动帮助比自己学习成绩差的同学，体会到帮助别人的快乐，还能从别人的错误中汲取经验教训，以免自己犯同样的错误。自己能帮助同学，同学自然也会帮助自己，这样孩子的心理压力就会减轻许多，家长适时鼓励孩子诚恳地向成绩好的同学请教，相信会取得良好的效果的。

培养敢于质疑的孩子

意大利杰出诗人但丁说："怀疑有如草木之芽，从真理之根萌生。"俄罗斯生理学家、心理学家巴甫洛夫也说："怀疑是发现的设想，是探索的动力，是创新的前提。"可见，一个人只有学会怀疑、敢于质疑，才能真正解放思想，大胆探索，最终发现真理。

在一篇名为《动手做一做》的小学课文中，法国科学家郎之万向几个小朋友提了个奇怪的问题："一个装满水的杯子，再放进别的东西，水会漫出来，如果放条小金鱼就不会，这是为什么?"

听了这个问题，有的小朋友说是因为金鱼身上有鳞片，有的说是金鱼把水喝下去了。这时，一直安静坐在旁边的女孩伊琳娜觉得大家说的都不对，但她又一时想不出其中的缘由。后来，伊琳娜回家问妈妈，妈妈告诉她:"想不出来,那不如动手做做看!"

于是,伊琳娜照科学家郎之万所说,在杯子里倒满水,然后买了条小金鱼放进去,结果水漫出来了。她很生气,觉得郎之万骗了他们,第二天就去质问他:"我试过了,把鱼放进水杯,水还是会漫出来。您为什么用这样的问题来骗我们呢?"

郎之万听后"哈哈"笑道:"我不是骗你们,而是要让你们知道,科学家说的话也不一定都是对的。"

文章中的科学家用这样一个小问题,既锻炼了孩子们动手实践的能力,又引导他们勇敢质疑别人的言行。

很多时候,孩子们是充满求知欲、好奇心的。他们会不断提出"这是为什么""那是什么"等问题,这实际上就是他们勇于质疑的表现。可是,当孩子对某句话、某件事提出质疑时,许多家长并没有及时作出回应,而是不停地告诉孩子要"听话",不要挑战权威。

然而,孩子们正处于最富创造力和进取心的时期,此时家长若不给他质疑的勇气,孩子很可能永远被习以为常的惯例所禁锢。所以,为了让孩子真正学会创新,拓宽自己展现自我的舞台,家长应从小注意引导孩子勇敢质疑,具体方法如下:

1. 巧用自己的小错误引导孩子质疑"权威"

一天,徐女士正在看某电视剧的大结局,剧情发展到高潮时,儿子小壮突然拿做好的作业给她看。徐女士草草浏览了小壮做的几道数学题,就告诉他:"这道题错了,你去重算一遍!"

于是,小壮拿着作业本回自己的房间,将那道题又算了一遍,结果还是跟刚才的一样。

可半个小时过去了,他还没有让徐女士重新检查那道题。后来,徐女士看完电视后问小壮:"刚才的题做完了吗?"

小壮发愁道:"妈妈,我算了好几遍,得出来的结果还是跟刚开始算的一样。"

徐女士又仔细看了看那道题，发现原来小壮没做错。她说："宝贝，这题你没算错。"

小壮不解地问："可刚才你怎么说我算错了呢？"

"哦，刚才是我自己看错了。"徐女士弯下腰，拉着小壮的手说，"宝贝，对不起，刚才是妈妈太大意，看错了，妈妈向你道歉。下一次，如果你觉得自己是对的，就一定要大胆说出来，要大声对妈妈说，'妈妈，你错了，我才是对的'，好吗？"

"可是，妈妈也会犯错吗？"小壮问。

徐女士笑着说："是啊，每个人都会有做错的时候，妈妈也不例外。所以你应勇敢质疑，以后要是真能找出妈妈的错，妈妈还会奖励你的！"

这么一说，小壮的愁眉彻底舒展开了，他开心地笑道："妈妈，我知道了。"

许多家长都希望自己的孩子乖巧听话，可在这个过程中，家长的指导、管束或者监督，往往让孩子觉得，家长和老师、教科书一样，代表着一种权威。于是，孩子可能会对家长的话深信不疑。可实际上，谁都有说错话、做错事的时候。所以，要让孩子敢于质疑，家长就应通过身边一些小事让孩子明白，"权威"的言行举止也不一定完全正确。

2. 多给孩子一些自由表达的空间和机会

孩子的言行若常常受家长的严格控制，久而久之，他会因害怕"权威"而不敢自由表达心中所想，进而不敢对别人的言行提出质疑。所以，要让孩子充满活力，要让他勇于质疑、大胆创新，家长就应该时常给孩子创造自由表达、独立思考的机会。

比如，平时生活中，家长可以和孩子一起开展"家庭辩论"活动。活动开始前，家长应和孩子商量确定一些辩论议题，辩论开始后，他们可以分别阐述自己的观点，然后就对方的某些观点提问。这样不仅能引导孩子多提问、多质疑别人的想法，还能锻炼孩子的口才和独立思考的能力。

让孩子保持强烈的好奇心

有媒体曾报道过这样一件事：2007年年底我国首次月球探测工程圆满成功后，某小学老师组织学生们观看相关的电视专题报道，当时记者采访了这些学生。

记者随机采访其中一位小学生："假如你登上了月球，你会做什么？"

这名学生回答说："我会好好学习。"

这个回答让许多人觉得悲凉，后来，有不少人感叹，如今的孩子越来越缺乏好奇心和想象力了。

好奇心是孩子的天性，它往往蕴藏着巨大的潜能，是孩子勇于探索、敢于创新的动力。科学家培根曾说，好奇心是孩子智慧的嫩芽。孩子对世界的认识是从好奇开始的，强烈的好奇心不仅增强了其求知欲，也促进了其创造性思维和想象力的形成。

自称"科学顽童"的查德·费曼是诺贝尔物理学奖得主，他天生好奇，从十一二岁起就在家里设立了自己的实验室，在那里做马达、光电管等，还用显微镜观察各种有趣的动植物。

一次，为了弄清蚂蚁是怎样觅食、怎样互相通报食物来源等问题，费曼几乎废寝忘食，在他的小实验室里待了很长时间。他将一些糖放在实验室的某个角落，然后放出蚂蚁，看它需要多长时间能找到那些糖，找到之后会如何让同伴知晓。这个过程中，费曼还会拿彩色笔画下蚂蚁爬行的路线，因为他很好奇：蚂蚁爬行的路线究竟是直的还是弯的？

正是这种好奇心和为满足好奇心的实践活动，极大地锻炼了费曼的创造性思维和想象力，为他在科学领域取得巨大成就奠定了坚实的基础。

好奇心的作用不仅仅在于锻炼创新思维和想象力，它还能训练孩子正确的判断及决策能力，能培养其责任心和自主能力，另外还能提升孩子对事物的观察力、敏锐度等。总之，在孩子成长的过程中，家长注意培养其好奇心是非常必要的。

著名的教育家、思想家陶行知先生也曾提出对孩子的"六个解放"，即解放他们的嘴，解放他们的双手，解放他们的大脑，解放他们的时间，解放他们的空间，最大限度地解放其好奇心。那么，生活中，家长到底该如何让孩子保持强烈的好奇心呢？

1. 鼓励孩子大胆提问，允许孩子提"傻"问题

生活中常常会有许多新奇的事物吸引着孩子，也会有各种各样的问题困扰着他们。这时，求知欲强的孩子总想将事情问个"水落石出"。比如，在雷雨天，孩子可能会问爸爸妈妈，为什么先看到闪电后听到雷声；早上起床时，有些年龄较小的孩子可能会问，为什么早上是太阳晚上是星星、为什么要穿鞋、为什么是晚上睡觉而不是早上睡，等等。

遇到这样的情况，家长应对孩子大胆提问的行为表示肯定，而不是因失去耐心而敷衍了事或厉声呵斥。很多时候，家长一句"别再问了，烦不烦"之类的话，会导致孩子今后羞于启齿，扼杀孩子的好奇心与想象力。

所以，平时生活中，家长要鼓励孩子细心观察周围事物，多思考、多提问。在孩子提出一些看似很傻、很幼稚或荒诞离奇的问题时，家长不应讥笑、责备他，而是应该努力作答。有些问题若真的难以解释，家长可鼓励孩子自己动手查资料或亲自实践。

2. 提供孩子感兴趣的书籍

就读于某知名高校生物专业的小琦，从小就对昆虫有强烈的好奇心。上小学三年级时，小琦常常在课堂上走神，不知他从哪里弄来一只昆虫，观察得津津有味。下课后，同学们叫他出去玩儿，他却仍然趴在课桌前看那只昆虫。

后来，爸爸知道了此事，他并没有责骂小琦，因为他发现小琦真的很喜欢昆虫。于是，爸爸给小琦买了很多与昆虫有关的书籍，小琦高兴极

了。但同时，爸爸也告诉小琦，如果将来想好好研究昆虫，现在就要先好好学习。

自那以后，在爸爸的支持下，小琦一边努力学习，一边保持着对昆虫世界的好奇心。

终于，高中毕业后，他以优异的成绩考入了理想中的大学，并选择了自己最喜欢的专业。

生活中，家长应时刻注意保护孩子的好奇心，通过购买与其兴趣相关的书籍或影音制品等积极支持孩子不断探索与创新的活动。

3. 给孩子提供一些可自由创作的素材

大多数情况下，孩子会对与玩乐有关的事物比较感兴趣，但很多有固定玩法、特别设计的玩具，孩子们可能经常在玩，渐渐地就对其失去兴趣。这时，家长可以给孩子提供一些可供自由创作、自由设计的材料，如水、黏土、盒子、瓶子或其他手工制作素材，不要告诉他该怎么玩，要拿这些东西做成什么，而是让他自己去设计。

让孩子不"安于现状"

诺斯克里夫是新闻界里的"拿破仑"，他一生都生活在不满足中，他不甘心安于现状，不甘心自己拥有的财富总是维持在同一个水平线上。所以，他不断为自己制定新的目标，不断进取，最终成为享誉全球的新闻大亨。

最初踏入社会的时候，诺斯克里夫每月只能拿到 80 英镑的薪水，对此他非常不满。于是，他开始拼命工作，用超过常人几倍甚至几十倍的努力，为自己争取到了更好的待遇。后来，当《伦敦晚报》《每日邮报》都归他所有时，他仍然不满足，为自己制定了新的目标。很快，他成了英国

《泰晤士报》的大老板。可这时，他还是不肯就此停歇，他要利用这个媒体揭露官僚的腐败，要竭尽全力监督政府。在他的不懈努力下，不少国家机关的办事效率果然有所提高，这对整个英国制度的改革起到了重大作用。

后来一次，诺斯克里夫问《泰晤士报》的一位员工："你喜欢现在的工作吗？"那名员工说："很喜欢。"他又问："你现在的薪水是多少，满意这个状况吗？"员工说："一星期5英镑，很满意了。"这时，他回应道："你要知道，我可不希望我的员工拿到5英镑就感到满足。"此后，那名员工满足于一星期5英镑的薪水，总是安于现状，碌碌无为，没有取得任何突破性的成就，所以他自始至终只是个助理编辑，没有升职，也没有加薪。

生活中，有不少孩子和那位助理编辑一样，总是安于现状，不想对自己的学习、生活状况作出任何改变，也没有为自己的未来制定更长远的目标。这样的孩子，往往是缺乏进取心和竞争力的，安于现状的人生态度让他们不再期待"变得更好"。

然而，无数成功者的实践证明，一个不安于现状、不断进取的人，才能真正感受到心灵的安宁，也才能在不断努力的过程中一步步实现目标，实现自己的理想。所以，为了让孩子拥有更加成功的人生，家长应时刻注意孩子的学习、生活状态，时常鼓励孩子积极进取，绝不能让孩子安于现状。具体而言，家长可用以下方法让孩子不安于现状。

1. 帮助孩子了解什么是他所需要的

孩子安于现状、不思进取，可能是因为他不够成熟，不能对自己作出正确评价，也不清楚自己真正需要的是什么。于是，孩子就无法进行自我调节，也不愿作出任何改变，因为他根本不知道改变将会给自己带来什么样的结果。

因此，要让孩子不安于现状，家长应引导孩子了解什么是自己真正需要的。比如，当孩子对自己不太优异的成绩感到满足，长期没有进步时，家长可以给孩子讲一些名人小时候不断进取、不安于现状最后取得巨大成功的故事，再讲一些反面事例，让孩子明白自己需要通过不断进取来获得成功。

2. 给孩子创造宽松和谐的家庭环境

孩子若长期生活在充满"火药味"的家庭环境中，孩子就会渐渐产生恐惧感，比如当孩子做出一些令人不满的事时，家长严厉斥责孩子，孩子就会对其产生畏惧感，进而不敢在其他方面作出改变。

有时，孩子原本是有上进心的，可家长却对其不屑一顾，甚至讽刺、挖苦，这也会使孩子积极性受到打击，从而产生放弃努力、满足于现状的想法。

所以，无论孩子的行为正确与否，家长都应平心静气地应对此事，要在一个宽松和谐的家庭环境中与孩子交流沟通。这样既不会伤害孩子的自尊心，也不会打击孩子的积极性与进取心。

3. 避免对孩子提过高的要求

很多孩子在达成某项目标的前期，会表现得十分积极、有上进心，但时间一长，孩子可能会有所松懈，或满足于现状，不愿继续努力。之所以出现这种情况，原因很可能是家长对孩子的要求过高，给孩子制定了超出能力范围的目标。

平时生活中，家长要对孩子提出合理的要求，还要实时关注其完成任务的情况。在孩子遇到困难时，家长应给予鼓励和必要的帮助；若发现孩子实在没有能力完成此事，就应适当降低要求，以免打击孩子的自信心。

4. 让孩子把自己作为"参照物"

有些家长喜欢将自己的孩子与别的小朋友作比较，这样比较的结果，往往让孩子骄傲自满或产生挫败感。所以，家长应该鼓励孩子以自己为"参照物"，和自己的过去作比较，这样孩子就很容易获得前进的动力。

训练观察力，擦亮孩子双眼

敏锐的观察力，是孩子创造力的源泉，对其今后的智力发展会起到十分重要的作用。心理学家认为，观察是智力活动的基础，也是一个人生活中所必需的能力。生活中，人们评价一个人的智力水平时常用"聪明"或"不聪明"两个词，而聪明的意思是耳聪目明。由此也可看出，以感知为基础的观察力，是孩子聪明大脑的"眼睛"，即让孩子多看、多听、多接触各种事物，积累丰富的知识经验，孩子才能在遇到难题时更好地发挥自己的聪明才智。

发明蒸汽机的瓦特，小时候虽家境贫寒，但却十分聪明好学。他曾在一家钟表店当学徒，从那时起，他就时常在店里仔细观察、研究各种仪器。

后来，瓦特接到了修理一台纽可门蒸汽机的任务。起初，他修好了这台机器，却发现它工作起来很吃力，像个快要喘不过气来的老人。于是，瓦特想将其改进一下。在他的不断努力下，两年后，改造工作基本完成。可当他点火试机的时候，才发现汽缸到处漏气。他想尽办法解决这个问题，每天都打起十二分精神，一遍又一遍地仔细检查机器。

一天，他趴到汽缸前观察漏气原因，突然有一股热气冲出，他来不及躲闪，肩膀被蒸汽烫得红肿。可即使如此，他仍然没有放弃。很快，他又回到实验室，一边查阅资料，一边继续认真观察、检测汽缸。

终于有一天，瓦特的灵感来了。而这份灵感，同样源于他的认真观察。那天，他一边喝茶，一边看着炉子上的那个水壶，发现壶盖一动一动的。他看看水壶，又看看自己手里的杯子，突然想到：茶水要变凉，可以倒在杯子里；蒸汽要变冷，可以把它从汽缸中"倒"出来啊。就这样，瓦特设计出了一个和汽缸分开的冷凝器，解决了漏气问题，世界上第一台真正的蒸汽机也随之诞生。

瓦特正是因为善于观察，才将一台"行将就木"的机器改造成真正意义上的蒸汽机。

达尔文也曾说："我既没有突出的理解力，也没有过人的机智。只是在觉察那些稍纵即逝的事物并对其进行精细观察的能力上，我可能在众人之上。"可见，离开了观察，一切科学研究、发明创造，或许都只是空谈。

所以，作为家长，要培养孩子的创新能力，首先就应训练其观察力，让他耳聪目明。

具体而言，家长可从以下方面入手训练孩子的观察力。

1. 保护好孩子的感知觉器官

孩子的眼睛、鼻子、嘴巴、耳朵等器官的健康发育，是其感知觉的物质基础。所以，平时生活中，家长要注意保护孩子的这些器官，并创造机会刺激各项器官的发育，如让孩子多看美丽的图画、多听动人的音乐、多开口说话或唱歌等。

2. 让孩子观察自己感兴趣的事物

一般来说，孩子比较喜欢观察活的、动的物体，而不喜欢观察静止不动的东西，比如喜欢看小狗打架、小金鱼游泳等；孩子还喜欢观察色彩鲜艳的东西，如满园鲜花、开屏的孔雀等；喜欢观察大而清晰或位置明显的物体，如挂在墙上的书画、摆在桌上的艺术品、穿在身上的服饰等。

因此，家长在训练孩子观察力的时候，可以先让孩子关注这些比较感兴趣的事物，慢慢激发孩子观察的欲望。

3. 时常变换孩子所处环境，让孩子亲近大自然

孩子都渴望自己的生活丰富多彩，若长期处于同一个环境中，对周围的一切太过熟悉，渐渐地就会对其产生厌倦感，失去观察的兴趣。

所以，家长应适时改变孩子所处的环境，让其产生新鲜感。例如，家

长可时常给家里添置新的陈设，或带孩子"串门"，让孩子观察别人的家庭环境。

另外一种重要的方法，就是定期带孩子出去郊游或进行其他户外活动，让孩子亲近大自然。在美丽广阔的大自然中，有许多事物是值得观察的，包括乡村田野、山川河流、天空云朵及各种动植物等。这样不仅能培养孩子观察的兴趣，还能帮助孩子更好地认识世界。

4. 教给孩子多种观察方法

孩子的知识经验少，在观察事物的过程中，需要家长教给孩子一些具体有效的观察方法。

例如，有些形体较小的东西，孩子比较熟悉了，渐渐会失去观察它的兴趣。这时，家长若给孩子一个放大镜，孩子或许又会发现许多新的更有趣的东西。这种方法叫做放大观察法。

家长还可以引导孩子对周围事物进行对比观察，如观察金鱼和热带鱼的异同、牡丹花和玫瑰花的异同等，让孩子求同寻异，使观察活动不断深入，也使其对观察对象的了解更加清晰、全面。

此外，家长还可以让孩子将观察与动手相结合，一边观察一边做实验，或随时记录自己的观察心得及其他疑问。

给孩子插上"想象"的翅膀

有位教育专家曾到某小学进行教学交流，在一个班级做调查时，他发现班里学生的画技都非常高，老师布置的美术作业，他们都画得栩栩如生。后来，这位教育专家又让学生们每人画一幅卡通画。结果，大多数学生画出的卡通形象是相同的，就是一只"机器猫"。

他很奇怪，不知道为什么这些学生如此默契，不约而同地画机器猫。

但经过仔细观察，他发现教室的一个窗台上摆着某个学生的"机器猫笔筒"，其他学生正是照着这个笔筒来描绘的。于是，这位专家让学生将机器猫笔筒收进书包里，然后要求所有同学发挥自己的想象，再画一幅与"机器猫"不同的卡通画。

然而，半个多小时过去了，好多学生的画纸上还是一片空白。这下他们真犯愁了，一直在苦思冥想，却无从下笔。最后，教育专家只好将此留作学生们的课后作业。

如今，许多孩子缺乏的不是学习的能力，而是丰富的想象力和创新意识。爱因斯坦曾说："想象力比知识更重要，因为知识是有限的，而想象力概括着世界的一切，推动着社会的进步，且是知识进化的源泉。"

对孩子而言，想象力水平直接影响着他的创造能力，任何一个孩子来到这个世上，都或多或少地拥有想象的天分。心理学家皮亚杰和弗洛伊洛也认为，除非是白痴，否则每个儿童都有不同程度的想象力。可是，在传统的教育观念和机制的影响下，越来越多的孩子受到了各种条条框框的束缚，正渐渐失去想象的机会与兴趣。

孩子的想象力中蕴涵着孩子的希望和灵感，这不仅会引导其发现新的事物，而且会激励孩子更加努力奋进，为自己的未来之路做更好的铺垫。可见，孩子缺乏想象力，对自己是有百害而无一利的。所以，家长作为孩子的第一任老师，就该想尽办法给孩子插上"想象"的翅膀，而不是用条条框框束缚孩子。具体而言，家长可采用以下方法提高孩子的想象力。

1. 鼓励孩子多编故事、讲故事

大多数孩子小时候都喜欢听故事，也喜欢编故事、讲故事给别人听。家长抓住这个机会，不仅能锻炼孩子的语言表达能力或写作能力，还能培养孩子的想象力。

平时生活中，家长可以经常引导孩子按照某个主题去编故事，然后让孩子将编好的故事讲给其他人听，或用笔记录下来并不断修改。而在孩子讲故事的过程中，家长要适时对其进行口头鼓励和表扬，增强孩子的自信心。

2. 用重组图形、语言等方式锻炼孩子的想象力

一天，卢女士发现 7 岁的女儿情绪低落，根本没心思好好做作业。于是，卢女士告诉女儿："宝贝儿，我们来做个小游戏，放松放松怎么样？"

一听做游戏，女儿立刻舒展眉头，高兴地笑道："好啊，妈妈，我们做什么游戏？"

卢女士一边拿起笔在白纸上画了五个圆，一边对女儿说："你能在这些圆上加些笔画，让它变成其他东西吗？"

女儿想了想，然后提笔画起来。几分钟后，原来的五个圆都变了样。

卢女士一一指着女儿添过笔画的图形问是什么东西，女儿回答道："这个圆下加一竖，是气球；这个圆下加一横，是太阳从地平线上升起了；这个圆中画一个正方形，是铜钱；这个中间有一点，还有两条直线，是钟表；还有这个画了很多小点点的，是芝麻烧饼。"

听了女儿的解释，卢女士笑道："宝贝儿，你真棒，居然能有这么多独特的想法。你真是妈妈的骄傲！"

受到表扬的女儿也开心地笑起来，心情比之前好了很多。

卢女士的做法无疑是锻炼孩子想象力的一个好方法。除了让孩子自己想象着组合图形，家长还可以让孩子对一些字、词、句进行重组，鼓励孩子尽可能多地组合出一些更复杂、意思完全不同的语句或故事。

3. 让孩子多做些脑筋急转弯练习

某课堂上，老师问："雪化了变成什么？"大多数孩子都回答说"变成水"，可有一个女孩不是这样回答的，她说雪化了以后就是春天了。女孩这样的回答既富有想象力，又很有艺术性，是值得鼓励和提倡的。

4. 适时帮孩子放松大脑

要活跃大脑的生理功能，提高孩子的想象力，家长就应时常注意帮孩

子放松大脑，调节紧张的情绪。人在睡眠的时候，大脑细胞才能很好地生长。若长期睡眠不足，身体免疫力下降，人就爱生病，这自然会影响到想象力的发挥。所以，家长帮孩子放松大脑，最好的方法之一就是督促孩子按时睡觉，保证其充足的睡眠。